HUSSERL ET GALILÉE

DU MÊME AUTEUR

« La *mathésis* d'Aristote, introduction aux *Analytiques Seconds* », *Revue des sciences philosophiques et théologiques*, Paris, Vrin, 1975 et 1976.

HEGEL, *Les orbites des planètes (Dissertation de 1801)*, traduction et présentation, Paris, Vrin, 1979.

KANT, *Premiers principes métaphysiques de la science de la nature*, traduction, présentation et notes, dans *Œuvres*, vol. II, « Bibliothèque de La Pléiade », Paris, Gallimard, 1985.

L'œuvre de Torricelli, science galiléenne et nouvelle géométrie, Nice, Presses de l'Université de Nice, 1987.

La Physique *d'Aristote et les conditions d'une science de la nature*, DE GANDT (F.) et SOUFFRIN P. (éd.), Paris, Vrin, 1991.

NEWTON I., *De la gravitation, du mouvement*, traduction et présentation avec M. F. Biarnais, « TEL », Paris, Gallimard, 1995.

Force and Geometry in Newton's Principia, Princeton, Princeton University Press, 1995.

GALILEO GALILEI, *Dialogue sur les deux grands systèmes du monde*, traduction et présentation avec R. Fréreux, Paris, Seuil, 1992, réédition en poche, 2000.

Cirey dans la vie intellectuelle, la réception de Newton en France, Studies on Voltaire and the Eigtheenth Century, Oxford, 2001, n°11.

BIBLIOTHÈQUE DES TEXTES PHILOSOPHIQUES

Fondateur H. GOUHIER   Directeur J.-F. COURTINE

François DE GANDT

HUSSERL ET GALILÉE

Sur la crise des sciences européennes

PARIS

LIBRAIRIE PHILOSOPHIQUE J. VRIN

6, Place de la Sorbonne, V e

2004

© *Librairie Philosophique J. VRIN,* 2004
Imprimé en France
ISBN 2-7116-1728-9

www.vrin.fr

AVANT-PROPOS

La toute première sensation d'un enfant est pour lui le monde extérieur; et l'univers tel qu'il arrive à le connaître plus tard, n'est qu'un développement de ce premier et très simple germe, enrichi d'apports ultérieurs du dehors et du dedans, et devenu si énorme, si complexe et si différencié que l'on ne peut plus se ressouvenir de son premier état. Comment en effet exprimer l'éveil muet d'une conscience à la présence du premier objet? [...] c'est ici que notre jeune connaisseur rencontre et salue son univers : le miracle de la connaissance éclate...

Ces lignes ne sont pas de Husserl, elles viennent d'un livre qu'il aimait, les *Principles of Psychology* de William James[1].

1. « The first sensation which an infant gets is for him the Universe. And the Universe which he later comes to know is nothing but an amplification and an implication of that first simple germ which, by accretion on the one hand and intussusception on the other, has grown so big and complex and articulate that its first estate is unrememberable. In his dumb awakening to the consciousness of something there [...] Here the young knower meets and greets his world; and the miracle of knowledge bursts forth [...] », W. James, *Principles of Psychology*, 1890, t. II, p. 18. Le texte français que nous mettons en épigraphe est emprunté à la belle traduction du *Précis de psychologie* (*Briefer course*) par E. Baudin et G. Berthier, Paris, 1946, p. 20, supervisée par James. (Dans la suite nous sommes responsable des traductions).

Un étonnement : le petit d'homme est ouvert sur le monde, dès le début ; une inquiétude : un être peut-il sortir de lui-même et connaître ? Cette opération miraculeuse est-elle seulement possible ? Husserl a des mots moins heureux, plus techniques : cette chose si simple, la connaissance, est un mystère (*Mysterium, Rätsel*), il faut élucider l'essence de la connaissance, comprendre comment le même objet peut « être en soi » et « être donné ». Ce fut le long travail de Husserl, parfois jusqu'à l'angoisse : l'énigme de la connaissance [1].

La phénoménologie est la mise en œuvre patiente de cette question. Ce n'est pas de la philosophie, on ne construit pas de systèmes, on n'argumente pas, on cherche à décrire au plus près les pleins et les vides de la vie de la conscience, à comprendre comment, dans cette vie secrète et fuyante, s'annoncent des objets, des êtres, un monde. Telle qu'elle était présentée dans les *Recherches logiques* de 1900-1901 ou dans les *Idées directrices* de 1913, la phénoménologie était un préambule à la philosophie [2], une méthode ou plutôt une attitude pour un travail d'analyse de plus en plus radical. Husserl semblait régresser de préalable en préalable, vers des descriptions toujours plus élémentaires.

Les *Principles of Psychology* ont paradoxalement contribué au tournant anti-psychologiste de Husserl (notamment par leur insistance sur l'identité du *meaning* à travers le courant de conscience). Sur les relations entre Husserl et James, voir R. Stevens, *James and Husserl, the Foundations of Meaning*, The Hague, 1974.

1. Une conversation avec L. Chestov en 1928 donne une idée de cette tension intérieure, de ce désespoir devant les théories régnantes, qui l'ont poussé à poser de manière nouvelle et radicale la « question de la connaissance » (*Husserl-Chronik*, p. 330-331).

2. Le récent livre de N. Brainard, *Belief and its Neutralization, Husserl's System of Phenomenology in Ideas I*, New York, State University of New York Press, 2002, est très convaincant sur ce point.

Vers 1935, quand l'Europe a été tout près d'être submergée par la barbarie, le temps des préalables indéfiniment repoussés était révolu. Husserl a transformé, un peu hâtivement peut-être, les acquis de cinquante ans de travail phénoménologique en une philosophie de l'esprit[1]. Il a tenté de tirer de ces analyses les ressources d'un humanisme et d'une sagesse qui pourraient remettre l'Occident et l'humanité sur la voie qu'elle avait perdue, celle de la rationalité.

Il faut revenir aux sources de la tradition européenne, mesurer l'échec de notre culture, et comprendre que son naufrage est le dévoiement d'un certain idéal toujours vivant, l'idéal d'une vie guidée par la connaissance. La *theoria* est le principe même de la culture européenne. C'est par la connaissance désintéressée, critique et rationnelle, que se définissent l'Europe et l'Occident, c'est l'esprit connaissant qui a créé les admirables sciences mathématiques de la nature, mais cette science si efficace est devenue une pure machine, une technique de calcul et de prévision, et l'homme lui-même s'est mis au rang des objets qu'il étudie. La connaissance s'est méconnue elle-même, l'esprit s'est perdu dans ses œuvres.

La critique de la science moderne est une pièce décisive dans le diagnostic. Pourtant, à celui qui connaît un peu les ouvrages antérieurs de Husserl, les critiques adressées à Galilée paraissent nouvelles et même assez surprenantes. Comment les comprendre, quelle portée leur donner, par quelle voie Husserl est-il arrivé à ces conclusions, peut-on les rattacher à toute l'élaboration de la phénoménologie dans les décennies antérieures? Ce sera notre centre de gravité:

---

1. Cette inflexion nouvelle ne date pas des années de la *Krisis*, elle est déjà sensible par exemple dans les dernières pages des *Méditations cartésiennes*.

l'étude du § 9 de la *Krisis*, consacré à Galilée, avec les textes qui y sont le plus directement liés.

Les analyses de Husserl, allusives et souvent énigmatiques – thèses abruptes plutôt qu'analyses – s'éclairent à la lumière des recherches antérieures : sur le calcul comme technique des signes, sur l'espace, sur l'opposition entre science idéalisante et science descriptive, sur la distinction entre percevoir et interpréter, etc.

À la science galiléenne Husserl oppose l'appréhension phénoménologique, au monde exact et quantifiable de la science moderne il oppose le monde vécu révélé, « dévoilé », par la prise de conscience « transcendantale ». Trois thèmes permettent de dessiner plus nettement, et un peu arbitrairement, l'opposition entre les deux sciences ou les deux mondes :

– l'espace : l'idéalisation géométrique est reconduite à l'expérience de l'espace vécu ;

– la sensation : la réinterprétation mécaniste des qualités secondes est écartée au profit de la perception pleine et assurée d'elle-même ;

– l'enchaînement temporel : l'art de faire des inductions savantes, avec des outils mathématiques, est situé en contraste avec l'induction quotidienne faite d'ajustements partiels et progressifs, à travers les synthèses passives et le réseau des corrélations de l'expérience.

Nous laisserons aussi la parole à Galilée lui-même, qui risquerait de porter un fardeau démesuré et de disparaître derrière la statue qu'a forgée le néo-kantisme. Nous dessinerons un Galilée héritier d'une très longue tradition de mathématisation de la nature, en astronomie et dans les autres « sciences mixtes » (musique, optique et perspective, mécanique et arts de l'ingénieur), un Galilée soucieux de rapprocher la science copernicienne de l'expérience directe, un Galilée admirateur de la Nature féconde et inépuisable.

Sur l'ambition ultime de ces textes, sur le projet husserlien d'une prise de conscience radicale de l'esprit par lui-même, nous n'en dirons pas beaucoup, faute de parvenir à le cerner en toute clarté. Mais puisque notre petit livre vise à faciliter l'accès à plusieurs des derniers textes de Husserl, il se trouvera peut-être des lecteurs philosophes pour aider à clarifier ce que pourrait être une *Besinnung* transcendantale, une prise de conscience radicale et libératrice. La philosophie n'est-elle pas, comme Husserl le répète inlassablement [1], une œuvre de critique collective ?

---

1. Par exemple dans notre corpus de la *Krisis* : « la philosophie n'est pas une affaire privée » (H VI, p. 439, trad. fr. Granel, p. 485).

INTRODUCTION

La science galiléenne, Galilée pour faire bref, suppose un monde, elle place sous le monde des apparences un autre monde dont elle a besoin pour justifier ses procédures. Notre monde usuel est trop approximatif, flou, incomplet, elle le remplace par un monde exact, entièrement déterminé.

Elle se règle pour faire cela sur la géométrie des Anciens (Thalés? Platon? Euclide?) : à côté et au-dessus des objets vagues et inexacts, changeants et flous, il y a l'univers purifié des lignes, des angles, des surfaces et des solides bien définis et sur lesquels la pensée peut se prononcer de manière définitive et sans tenir compte des circonstances.

Galilée a fait descendre ce monde d'idées dans notre monde sensible quotidien. Avec Galilée le vrai monde n'est plus au-dessus, il est à l'intérieur de l'autre, sous le monde apparent, il en est la réalité profonde.

Les lignes et figures des géomètres ne peuvent pas faire une nature complète, charnue et remplie, tout cela ne donne qu'un maillage, un squelette de formes, avec des contours et des nœuds d'un réseau. Il manque tout l'entre deux, les « pleins » des objets, ce qui fait leur couleur, leur rugosité, leur chaleur. Alors on s'arrange, on décide que ces pleins sont aussi des formes, mais des formes de choses ou de réalités invisibles, inaccessibles à l'œil nu. Le chaud est seulement le frottement des arêtes de corps piquants ou le symptôme d'un mouvement de particules très rapides. Le coloré est l'effet d'une vibration sur nos yeux, et de cette vibration on peut dire quelque chose d'exact et de parfaitement déterminé. Le rugueux est l'impression que font les petits corps invisibles sur notre peau.

Il faut faire la théorie de ces illusions, expliquer les effets de surface, les chatouillements subjectifs que produit en nous le contact des choses. La psychologie après Descartes et Locke viendra faire le raccord entre le monde vrai et les apparences que nous ressentons, elle est la science de nos erreurs, la science auxiliaire qui « explique » comment le sujet humain se trompe en percevant.

Le monde idéal de la géométrie était immobile. La théorie galiléenne va au-delà de la géométrie des Anciens, elle fait bouger ses formes, elle leur donne le mouvement, elle prédit même ces mouvements et les interactions des corps exacts qu'elle suppose. Au-delà de la description, elle prédit ce qui doit se passer. Non plus comme nous devinons à peu près, dans la vie courante, qu'en gros les évènements vont se passer comme d'habitude, parce que les objets ressemblent à d'autres que nous connaissons bien. Cette fois la prédiction est exacte et parfaitement déterminée.

Ainsi la science galiléenne se donne un monde, elle a vaincu le vague et le subjectif.

C'est un monde très bien ajointé, cristallin et exact. Le monde de notre vie courante est plein d'à peu près, il n'est que le méli-mélo des prolongements de mon expérience et de mes corrections successives : je sais qu'au bout de ma rue il y en a d'autres, et très longtemps comme ça; je sais que si je me trompe, en voyant un être vivant là où il y a un mannequin, je n'aurai qu'à modifier un peu mes croyances pour récupérer de la cohérence, sur le fond d'une croyance d'arrière-plan qui ne bouge pas : en gros et globalement le monde ne devrait pas me décevoir. Mais ça ne fait pas un monde exact, un système bien ajusté de corps précisément déterminés et en interaction, à l'infini. Et comment être sûr que mon monde est bien le même que celui d'un autre ? Avec la science galiléenne on peut en être certain d'avance.

Car ce n'est plus le monde de quelqu'un, l'observateur a disparu, on a retiré la relativité et les nuances subjectives dont je colore mon monde. On a retiré le sujet, ses sentiments, ses décisions. Il y encore des animaux humains, avec une pensée et une conscience, mais c'est une complication inutile et même gênante, une excroissance dont la science ne sait plus quoi faire.

Qu'y a-t-il à redire à tout cela, pourquoi ne pas s'en contenter?

Nous ne vivons pas dans le monde exact de la science galiléenne, pour deux raisons :

– on ne peut pas y vivre (que signifie vivre ?);
– ce monde n'existe pas.

Il faut revenir en arrière, aux moments des aiguillages, des décisions culturelles qui ont été prises sans qu'on s'en rende bien compte.

On commencera par la géométrie : elle est née dans les à peu près de la mesure des terrains, toujours assez précise pour les buts qu'on se proposait. Et puis les Grecs ont commencé à jouer un jeu étrange, ils ont supposé qu'on pouvait s'intéresser aux formes exactes que les objets concrets représentent vaguement, non plus le tronc d'arbre mais le cylindre, non plus le bord de la planche mais une ligne vraiment droite, telle qu'on n'en verra jamais, et des plans absolument plans sans bosse ni grumeau. Elle a manipulé ces formes irréelles et en a bâti un édifice, construisant des configurations compliquées avec quelques formes simples, démontrant des propriétés absolument et nécessairement vraies à leur sujet. La philosophie s'en est emparée et a déclaré que le monde réel était une image imparfaite de ce monde exact. Le brave tronc d'arbre est devenu un mauvais cylindre, la planche est devenue un dégradé de plan.

Avec Galilée on a franchi un pas de plus : la géométrie est entrée dans le monde, elle est devenue la réalité même; la totalité de la nature est devenue un édifice géométrique, pas directement visible, mais qu'on peut apprendre à voir par dessous les apparences floues de la vie courante.

Galilée et les premiers qui l'ont suivi ont senti leur propre audace, ils ont cherché à se justifier en rattachant leur thèse à une théologie ou une métaphysique : Dieu a créé le monde en géomètre, et l'homme est fait pour comprendre le monde ainsi. Et puis l'habitude est venue, cette science n'a plus éprouvé le besoin de se justifier. Son succès lui suffit, et les outils qu'elle a forgés se perfectionnent génération après génération.

Des maîtres sont venus et ils ont dit : le malentendu est moral ou existentiel, les hommes se fourvoient en voulant tout maîtriser, tout arraisonner, comme le dernier homme de Zarathustra qui ne risque plus rien et ne manque plus de rien. La vie humaine authentique est ailleurs, autrement : exister c'est s'ouvrir à l'événement, à ce qui arrive.

Husserl a une autre réponse. On peut encore croire en la connaissance, en la science véritable, restaurer la grande foi dans la raison. La science galiléenne est incomplète, puisqu'elle n'a rien à dire de l'esprit humain qui la construit, puisqu'elle est incapable d'en tenir compte; une science incomplète n'est pas vraiment une science. De plus l'univers exact et parfaitement déterminé qu'elle suppose sous les apparences, cet univers n'existe pas, c'est une idée de métaphysicien, qui s'est donné par avance le monde totalement compris et défini à la fin des temps par la science achevée.

Reprenons les choses autrement : dans mon expérience il y a des mondes auxquels je participe, que je construis plus ou moins; je suis pour un moment et partiellement géomètre ou lecteur de romans, j'ai pendant quelque temps une relation d'intérêt et de croyance à une couche particulière d'êtres : les nombres, ou les personnages de l'*Odyssée*, puis je m'en détourne et je fais autre chose. Dans toutes ces conduites, par dessous tous ces mondes partiels et temporaires, j'ai rapport à un monde plus vaste, toujours présent obscurément, « le monde ». C'est aussi le monde de mes proches et lointains congénères, je parlemente avec eux, je négocie pour me mettre d'accord sur la réalité, sur le monde.

Ce monde commence à mon corps, à partir de lui je construis de proche en proche un espace commun à tous. Je perçois des objets en apprenant à préciser leurs contours, leurs faces avant, arrière, latérales, et en les rapprochant de la perception d'autrui. Une objectivité, une certitude commune s'élabore dans le commerce des points de vue. Ce n'est pas la même objectivité que celle du savant galiléen, qui est garantie d'avance par un coup de force.

Ne pourrait-on essayer une autre «science», qui se tiendrait au plus près du monde vécu, qui suivrait les fils enchevêtrés de l'expérience, qui décrirait ce qui advient à une conscience, de proche en proche, sans idéaliser, sans déduire, sans supposer par avance une exactitude absolue? Plus encore: ne pourrait-on tenter de mettre au jour la source même qui fait qu'il y a un monde, atteindre un éveil, traverser le miroir de la connaissance par une expérience directe du transcendantal? Alors l'esprit connaissant cessera de se méconnaître, l'homme ne sera plus un objet parmi les autres.

En ces temps de violence et de désespoir, où les sciences paraissent impuissantes à répondre aux questions les plus brûlantes, où l'idée même de culture perd sa signification, n'y a-t-il pas là une voie pour que l'Europe surmonte son désarroi, retrouve la foi en la raison qui est son essence même?

Voilà l'histoire – le mythe – que la *Krisis*, dans ses phrases interminables et ses exhortations véhémentes, tente de raconter.

UN LIVRE EN CHANTIER

C'est l'œuvre d'un homme âgé, rédigée dans une sorte d'urgence, à la fois message moral, testament, et ouverture de directions philosophiques surprenantes. Le titre *La crise des sciences européennes et la phénoménologie transcendantale*, que nous abrègerons en *Krisis*, recouvre à la fois moins qu'un livre et plus qu'un livre. La genèse de cette *Krisis* est assez sinueuse.

Le principal stimulus semble avoir été le séjour de Husserl à Prague, son cher Prague, en novembre 1935. Il prononce plusieurs exposés dans deux universités, l'allemande et la tchèque, invité par le «Cercle Philosophique de Prague pour les Recherches sur l'Entendement Humain». Il y a là Jakobson, Patočka, Alfred Schutz, Kokoschka qui veut faire son portrait. Les auditeurs sont subjugués. En plus du cycle de conférences officielles prévu, Husserl est invité au Cercle Linguistique, au Cercle Philosophique, à la Société Brentano, au Séminaire d'Utitz[1], il improvise, il accepte des séances de discussion privées. Il parle de s'installer à Prague.

Le texte de ses exposés pragois grossit peu à peu, amalgamé avec le texte d'une conférence donnée à Vienne en mai 1935. Husserl publie sous le titre que nous connaissons (*Die Krisis etc.*) un article en deux parties en 1936 dans la revue de Belgrade *Philosophia*[2] (il reçut le texte publié en janvier 1937), et garde le manuscrit d'une troisième livraison, qui n'est jamais parue et à laquelle il a travaillé jusqu'à sa maladie d'août 1937. Il concevait ces trois morceaux comme les pièces d'un ensemble plus vaste, en cinq parties semble-t-il[3]. Voici comment il présente cette suite d'articles à la première page de la revue :

> L'écrit que je commence avec le présent traité (*Abhandlung*), et que je complèterai dans une série (*Kette*) d'articles ultérieurs dans cette revue *Philosophia*, représente une tentative, sur le

1. A. Schutz raconte plus tard comment Husserl a parlé librement, «without any notes on the great event in occidental culture when a few Greek thinkers started to wonder why things are as they are. He spoke of the importance of the theoretical attitude, of the dignity of philosophy, and of its vocation in a time of troubles such as that which we are living in». Schutz n'avait jamais vu Husserl aussi animé, et les jeunes étudiants l'écoutaient en larmes. (K. Schuhmann, *Husserl-Chronik, Denk- und Lebensweg Edmund Husserls*, Husserliana Dokumente Bd I, Den Haag, 1977, p. 469).

2. *Philosophia*, Bd I, 1936, p. 77-176.

3. Voir la note de Biemel *Zur Textgestaltung*, H VI, p. 519.

chemin d'une prise de conscience (*Besinnung*) téléologique et
historique qui porte sur les origines de notre situation critique
en science et en philosophie, afin d'établir la nécessité inévi-
table d'une réorientation (*Umwendung*) de la philosophie dans
une direction transcendantale et phénoménologique. Cet écrit
est né de la réélaboration des idées qui formaient, pour l'essentiel, le contenu d'un cycle de conférences que j'ai tenu en
novembre 1935, grâce à l'amicale invitation du « Cercle philosophique de Prague pour les recherches sur l'entendement
humain », en partie dans les salles si hospitalières de
l'Université allemande, en partie dans celles de l'Université
tchèque [1].

Pour notre propos il faut remarquer que le long passage
relatif à la science galiléenne (§ 9, occupant environ quarante
pages) ne figure ni dans le texte de Vienne ni dans celui de
Prague, il a été ajouté après coup, probablement à un stade très
tardif de l'élaboration de la *Krisis*.

Ces textes font leur chemin, comme des bouteilles jetées
à la mer depuis l'Europe en guerre, certains manuscrits
sont édités dès 1940-1941 aux États-Unis. Le sauvetage du
Nachlaß est effectué dès novembre 1938 par le Père van Breda
qui parvient à emporter l'ensemble des manuscrits à Louvain,
où Maurice Merleau-Ponty vient consulter des inédits à partir
d'avril 1939 [2]. Une première traduction des articles de *Philosophia* (c'est-à-dire les § 1-27 de la *Krisis*) paraît, par les soins
d'Edmond Gerrer, dans les *Études philosophiques* [3]. Paul

---

1. *Vorwort* donné en note par Biemel dans H VI, p. XIV. L'édition
de la *Krisis* par E. Ströker, dans la *Philosophische Bibliothek* de Meiner
(Hambourg 1996), qui reproduit uniquement le texte paru en 1936, s'ouvre sur
ce *Vorwort*, absent de la trad. fr. Granel. Voir Carr, p. 3.

2. Voir H.L. van Breda, « Maurice Merleau-Ponty et les Archives Husserl à
Louvain », *Revue de Métaphysique et de Morale*, (67) octobre-décembre 1962,
n°4, p. 410-430.

3. Nouvelle série, IV, 1949.

Ricœur, qui prépare alors une traduction des *Idées directrices*, présente en 1949 une étude synthétique sur ces textes de Husserl, autour du thème de l'historicité [1].

Enfin, seize ans après la mort de Husserl, une fois traversés tous les bouleversements qui font du monde de 1954 un monde si différent, Walter Biemel publie, dans la série des *Husserliana* préparés à Louvain, un volume VI intitulé,

> *Die Krisis der europäischen Wissenschaften und die trans-zendantale Phänomenologie, Eine Einleitung in die phänome-nologische Philosophie* (*La crise des sciences européennes et la phénoménologie transcendantale, une introduction à la philosophie phénoménologique*),

qui reproduit le texte publié en 1936 (dans les pages 1-104), suivi d'un manuscrit de la troisième partie (p. 105-269), ajoutant ce qu'on a supposé être une conclusion générale, tirée des manuscrits de Husserl (le § 73, p. 269-276). Pour compléter ce volume Biemel a joint trois annexes (*Abhandlungen*), dont le texte de la conférence de mai 1935 à Vienne : *La crise de l'humanité européenne et la philosophie*, et vingt-neuf manuscrits connexes (*Beilagen*), parmi lesquels le célèbre texte sur l'origine de la géométrie (*Beilage III*, p. 365-386, un manuscrit de 1936).

C'est ce volume énorme et très disparate, ce dossier devrait-on dire (il ne faut pas perdre de vue que seules les cent premières pages correspondent à un texte effectivement revu et publié, sur les cinq cent cinquante que compte le volume), que Gérard Granel a traduit en 1976 aux éditions Gallimard,

---

1. P. Ricœur, « Husserl et le sens de l'histoire », *Revue de Métaphysique et de Morale*, (54) 1949, p. 280-316.

reprenant pour « L'origine de la géométrie » la traduction de Jacques Derrida[1].

Les disciples de Husserl aux États-Unis, émigrés ou américains d'origine, se sont intéressés plus tôt et plus activement que les Français à la *Krisis*, à la suite de Farber, Schutz, Carr, Gurwitsch[2]. Ils ont publié dès 1940-1941 de nouveaux manuscrits, commenté les thèmes du dernier Husserl, prolongé l'enquête de manière créatrice. La traduction de la *Krisis* par David Carr[3] en 1970 est un outil très utile, par la finesse et la précision de ses choix de traduction, par le retour aux manuscrits dans bien des cas, par son introduction claire et nourrissante.

Un nouvel ensemble de textes du *Nachlaß* de Husserl est venu enrichir et compliquer un peu plus ce qu'on pourrait appeler le dossier *Krisis* : le volume XXIX des *Husserliana*,

---

1. La traduction de G. Granel représente un tour de force, tant le volume *Krisis* est écrasant par sa taille, par la difficulté et la diversité des questions, par l'enchevêtrement de la syntaxe et des arguments – dont Husserl lui-même a conscience, et il s'en excuse de temps en temps. La Conférence de Vienne a été traduite également par P. Ricœur à partir d'un manuscrit légèrement différent : Husserl, *La crise de l'humanité européenne et la philosophie*, éd. bilingue avec une préface de S. Strasser et une postface de J.M. Guirao, Paris, Aubier, 1977.

2. L'une des études les plus remarquables sur notre sujet est dûe à A. Gurwitsch : « Husserlian perspectives on Galilean physics », *in* A. Gurwitsch, *Phenomenology and the theory of science*, Evanston, Northwestern Univ. Press, 1974, p. 33-59. C'est la reprise de deux autres publications : « Comment on the paper by Herbert Marcuse "On science and phenomenology" », *Boston Studies in the Philosophy of science*, t. II, R. S. Cohen and M. W. Wartofsky (eds.), New York, New York Humanities Press, 1965 et « Galilean Physics in the light of Husserlian Phenomenology », in *Galileo Man of Science*, E. McMullin (ed.), New York, Basic Books, 1967.

3. Husserl, *The Crisis of European Sciences and the Transcendantal Phenomenology*, Northwestern Univ. Press, 1970. Carr a opéré une sélection parmi les textes annexes. Voir aussi son étude *Phenomenology and the problem of history*, Northwestern Univ. Press, 1974.

paru en 1993, contient plus de cinq cent pages de documents tirés des manuscrits de 1934 à 1937, la plupart liés à la *Krisis* : études préparatoires, rédactions alternatives, brouillons pour une suite et une conclusion du livre. Ce volume donne aussi – enfin – un texte correspondant aux conférences prononcées à Prague en novembre 1935 : « La psychologie dans la crise des sciences européennes » [1], dont le début correspond de très près au début de la *Krisis*, en plus bref et plus vigoureux.

---

1. Husserl, *Die Krisis der europäischen Wissenschaften und die transzendantale Phänomenologie, Ergänzungsband aus dem Nachlass 1934-1937*, herausgegeben von Reinhold Smid, *Husserliana* t. XXIX, Dordrecht, Kluwer 1993 (la conférence de Prague occupe les p. 103-139).

LA CRISE DE L'EUROPE

CIRCONSTANCES

Il faut donner une idée des circonstances dramatiques dans lesquelles la *Krisis* fut rédigée, et qui expliquent le ton parfois fiévreux et peut-être le désordre de sa rédaction, qui permettent aussi de saisir les sentiments de dégoût, de lassitude, d'urgence morale qui s'étaient emparés de l'esprit de Husserl.

Pourquoi déménager?

En juillet 1937 Edmond Husserl et sa femme Malvine quittent leur appartement au troisième étage dans la Lorettostraße pour une maison plus à l'écart sur les collines au-dessus de Fribourg (Schöneckstraße) et c'est là que Husserl mourra quelques mois plus tard le 27 avril 1938. Pourquoi déménager à soixante-dix huit ans? C'est qu'il cherchait à se mettre à l'abri des vexations quotidiennes et des éventuelles dénonciations. Au quatrième étage de l'immeuble de la Lorettostraße, juste au-dessus, habitait le S.A. Standartenführer César Siebe, et au rez de chaussée un Oberstleutnant en retraite, Rudolf von Hirsch, qui suggérait par exemple à son employée : « Demandez leur donc là-haut si la cuisinière a bien quarante-cinq ans, autant que je sache les Husserl sont pourtant juifs ! » [1]. Une des lois du 15 septembre 1935 (les lois dites « de Nuremberg » [2]) interdisait aux juifs d'employer du personnel de moins de quarante cinq ans, une humiliation particulièrement mesquine et chargée de sous-entendus, sur la pureté raciale, les viols, la sauvagerie des non-aryens. Le lieutenant von Hirsch parlait sans doute assez fort, afin que la famille Husserl puisse entendre, et on pouvait craindre à tout moment une dénonciation.

Déjà Husserl avait subi des vexations et des affronts à l'Université. Il avait pensé quitter l'Europe, en avril 1934 il avait renoncé à un poste offert par l'University of Southern California de Los Angeles [3]. Interdit d'enseigner à la fin de l'année 1935 en raison de ses origines non-aryennes, son nom avait été rayé des registres à l'été 1936. En juin 1937 on lui interdit de participer au Congrès international de philosophie qui devait avoir lieu à Paris en août [4]. Lorsque son fils avait été

---

1. Rapporté par Husserl dans une lettre du 9 octobre 1935 (*Briefwechsel*, Husserliana Dokumente III, Dordrecht-Boston, Kluwer ,1994, Bd IX, Familienbriefe, p. 461). Voir le récit du Dr Th. Vongehr dans le *Mitteilungsblatt für die Freunde des Husserl-Archivs*, n°26, 2003.

2. Après le vote de ces lois, Husserl écrit le 21 septembre 1935 : « la bombe du 15 septembre m'a coûté quelques jours ; j'en avais besoin pour surmonter le dégoût », j'ai souvent l'idée « que je ne puis rester encore longtemps en Allemagne, et je me demande s'il ne serait pas possible de revenir dans ma vieille patrie » (la Tchécoslovaquie), K. Schuhmann, *Husserl-Chronik*, p. 467. Les lois de Nuremberg retiraient le statut de citoyens allemands aux non-aryens et interdisaient les unions « mixtes », en ajoutant diverses dispositions comme celle relative aux employés.

3. Voir K. Schuhmann, *Husserl-Chronik*, p. 437 et 446.

4. Husserl qui aurait dû avoir une place d'honneur dans le Congrès, « ne convenait pas à la délégation allemande, qui se déplaçait à Paris sous

inquiété, Husserl avait rappelé que son autre fils Wolfgang était mort pour la patrie devant Verdun en mars 1916.

Son *Nachlaß* était le trésor le plus précieux, 40 000 pages de notes, partiellement en sténographie, qui représentaient l'œuvre de sa vie et son legs à la postérité. Il avait cherché comment préserver et transmettre ce trésor, comment éviter sa destruction par les Nazis, il avait envisagé divers moyens de mettre ses papiers à l'abri. Landgrebe et Fink avaient entrepris un classement systématique, mais il fallait trouver un lieu sûr, et Husserl pensait à Prague, vers quoi le ramenaient des souvenirs d'enfance et l'amitié de Masaryk. Vint l'invasion allemande : « Le rêve tchécoslovaque était terminé »[1].

Becker et « l'essence du judaïsme »

On comprendra mieux la tension dans laquelle vécut Husserl en ses dernières années, le désespoir qui pouvait le saisir, si l'on perçoit quelles trahisons ont pu se produire. Parmi ses plus proches collaborateurs certains avaient accepté le régime nouveau, dans un moment d'égarement ou de façon plus durable. On connaît les prises de position publiques de Heidegger en 1933, et bien des appréciations contrastées ont été écrites sur son attitude et ses thèses. On connaît moins un autre « cas » plus odieux encore, celui d'Oskar Becker[2].

---

la conduite d'un "Führer" et devait former un bloc durant le Congrès » (voir K. Schuhmann, *Husserl-Chronik*, p. 486). Le pouvoir nazi craignait un hommage solennel à Husserl, qui aurait été un camouflet retentissant.

1. K. Schuhmann, *Husserl-Chronik*, p. 487.

2. O. Becker (1889-1964) fut professeur extraordinaire à Fribourg (à partir de 1927) puis professeur ordinaire à Bonn (à partir de 1931). Voir G. Wolters, « Philosophie in Nationalsozialismus : der Fall Oskar Becker » in *Die Philosophie und die Wissenschaften. Zum Werk Oskar Beckers*, A. Gethmann-Siefert/J. Mittelstraß (Hrsg), München, Fink, 2002, p. 27-64. Selon Wolters, Becker semble avoir été un véritable philosophe nazi, contrairement à d'autres

Familier de Husserl autour de 1930 (l'étranger de passage va prendre le thé chez Husserl avec Becker), co-éditeur du *Jahrbuch für Philosophie und phänomenologische Forschung*, Becker était spécialiste de la phénoménologie des sciences mathématiques et physiques[1]. Husserl parlait de son travail avec fierté, expliquant à Hermann Weyl que grâce à Becker on pouvait comprendre la relativité einsteinienne dans une perspective phénoménologique, et que Becker tentait quelque chose d'analogue à propos de la théorie mathématique du continu « de Brouwer-Weyl »[2]. Becker avait publié aussi des recherches sur l'histoire de mathématiques grecques[3]. À l'occasion du 70e anniversaire de Husserl en 1929, Becker avait publié une sorte d'hommage à son maître dans les *Kantstudien*[4].

Comment Becker s'est-il retrouvé du côté des Nazis les plus déterminés et les plus virulents? Cette histoire incroyable reste à écrire. En avril 1933 Becker s'inscrit à l'association universitaire pro-nazie KADH, et en 1936 il publie un article sur Nietzsche et l'éternel retour dans les *Blätter für deutsche Philosophie*. En 1942, quatre ans après la mort du maître, il fait

opportunistes, si l'on en juge par ses activités politiques et ses publications qui sont une contribution à la philosophie nazie.

1. Voir en particulier: O. Becker, « Beiträge zur phänomenologischen Begründung der Geometrie und ihrer physikalischen Anwendungen », *Jahrbuch für Philosophie und phänomenologische Forschung*, VI, 1923. Une traduction partielle en anglais est donnée dans le recueil *Phenomenology and the natural sciences*, J. Kockelmans and T. Kisiel (eds.), Evanston, Northwestern Univ. Press, 1970, p. 119-143.

2. Lettre de Husserl à Weyl du 9 avril 1922, publiée et traduite en anglais par D. van Dalen *in* « Four letters from Edmund Husserl to Hermann Weyl », *Husserl Studies*, 1984, p. 1-12.

3. *Eudoxos Studien*, 1933, etc.

4. « Die Philosophie Edmund Husserls, anlässlich seines 70 Geburtstag », *Kantstudien*, XXXV, p. 119-150.

paraître dans la série des « conférences de guerre » (*Kriegs-vorträge*) de l'Université de Bonn, une plaquette franchement antisémite dans la série consacrée aux « formes de guidance des peuples » (*Führungsformen der Völker*) sous le titre : « Les pensées de Frédéric Nietzsche sur la hiérarchie, la sélection et l'élevage ». Dans ce texte peu connu [1] Becker étudie les thèmes politiques et raciaux dans l'œuvre de Nietzsche, et il cherche à discriminer, dans la pensée nietzschéenne, les aspects corrects et incorrects du point de vue nazi. La critique nietzschéenne du socialisme et de la démocratie paraît à Becker tout à fait juste ; en revanche le mépris du travail et la conception aristocratique du peuple sont inacceptables aux yeux de Becker. Pour Becker, l'erreur vient de ce que Nietzsche n'a pas compris ce que l'idéologie nazie appelle la « nature organique » d'un peuple [2]. Les conceptions de Nietzsche sur « l'hygiène raciale » sont intéressantes mais incomplètes selon Becker. En effet, touchant l'« élevage » humain, Nietzsche s'est exprimé nettement dans les § 954 et 964 de *La volonté de puissance* [3] : il peut être profitable d'anéantir des millions de malformés au profit d'une race de seigneurs [4]. Après avoir rendu hommage à

---

1. *Gedanken Friedrich Nietzsches über Rangordnung, Zucht und Züchtung*, von Prof. Dr O. Becker, Bonn, 1942, 24 p. Cette plaquette devenue probablement assez rare se trouve à la Bibliothèque de la Technische Universität de Berlin sous la cote A 1844 s/bec.

2. Becker invoque un article de 1937 d'A. Bäumler : « Er hat mit Recht darauf hingewiesen, daß Nietzsche der grundlegende Begriff des *organischen* Volks- und Staatsaufbaus fehlt ».

3. *Zucht und Züchtung* (« sélection et élevage ») est l'intitulé du dernier livre de *Der Wille zur Macht* dans l'édition Kröner de 1930, *Rangordnung* est le titre de la première section de ce livre. Il faudrait ici tenir compte des manipulations qui ont présidé à l'édition très peu fiable de manuscrits de Nietzsche sous la forme du volume de *Der Wille zur Macht*, avec le patronage précisément de Bäumler qui rédige une Postface.

4. Cité p. 10 des *Gedanken* de Becker.

Bäumler et Chamberlain, Becker regrette que Nietzsche n'ait pas eu une position assez ferme et radicale sur le problème racial, probablement parce qu'il ignorait les lois de Mendel et croyait avec Lamarck à l'amélioration possible des races. Néanmoins, en ce qui concerne les Juifs, la position de Nietzsche est jugée assez correcte par Becker, puisque Nietzsche attaque les Juifs soit directement soit indirectement à travers la figure de Saint Paul et le christianisme. Nietzsche a reconnu, écrit Becker en une formule effrayante, « l'essence funeste du judaïsme » (*das verhängnisvolle Wesen des Judentums*[1]).

« L'âge rend moins souple »

Voilà les hommes au milieu desquels il fallait vivre. Et à quoi bon la phénoménologie si elle ne peut même pas immuniser contre de telles dérives. Husserl sent plus qu'auparavant à quel point son entreprise doit être une lutte contre des préjugés. Il ne suffit pas d'avoir raison, d'indiquer un chemin philosophique, il faut parvenir à écarter les obstacles préalables et faire accepter au débutant le travail de pensée. Un manuscrit du printemps 1937, annexé à la *Krisis*, l'un des rares où s'expriment des sentiments personnels, témoigne combien Husserl croit en sa vocation et combien aussi il s'inquiète d'être si peu suivi :

> il y a certains préjugés que je suis obligé de prendre en considération, comme dominants dans notre présent philosophique, ou comme puissamment développés par des mouvements modernes, parce qu'ils rendent par avance les lecteurs de cet écrit incapables d'accomplir effectivement avec moi les pas, les démarches de méthode, les démonstrations (*Auf-*

---

1. Page 20 des *Gedanken* de Becker.

weisungen) qui précèdent toutes les théories [...]. Celui qui d'avance est certain que les chemins à parcourir doivent être jugés illusoires, et qui a pour cela des arguments bien serrés, rendus suggestifs par le chorus de ceux qui consonnent avec lui, celui-là ne se donne même plus le mal d'essayer de cheminer effectivement avec moi et chemin faisant d'éprouver qu'il a un terrain ferme sous ses pieds et qu'il parvient à des acquis de connaissance qu'il ne voudra plus jamais abandonner. Si l'on sert de guide, on n'a pas en fait à se soucier de ces préjugés, pas plus que l'alpiniste (*der Hochtourist*) ne se met à discuter avec ceux qui veulent lui prouver que les chemins qu'il a essayés et parcourus plusieurs fois sont impraticables [1].

On croit connaître mes idées, on croit avoir pénétré la phénoménologie parce qu'on a lu un peu de Scheler ou de Heidegger; si je proteste qu'on n'a pas compris, l'interlocuteur dit méchamment : « la vieillesse rend moins souple » (*das Alter versteift sich*, mot à mot « l'âge se raidit » [2]).

Exilés

Husserl meurt en 1938 après une longue pleurésie. Un ange tutélaire est venu de Louvain, le Père van Breda, qui emmène Madame Malvine Husserl, la mettant discrètement à l'abri pendant la guerre; il transporte tout le *Nachlaß* à Louvain, d'où reprendra la diffusion des textes du maître.

Un autre exilé vit les mêmes vexations et les mêmes angoisses, le vieux Freud, né lui aussi en Moravie tchèque à quelques années d'écart [3], lui aussi de famille juive mais

1. Appendice XIII de la *Krisis* (projet de préface à la troisième partie), H VI, p. 438; trad. fr. p. 485 (trad. fr. modifiée).
2. H VI p. 439 (Granel, p. 486 traduit « le Vieux s'ankylose »).
3. Freud est né à Freiberg en Moravie le 6 mai 1856 (ce n'est pas le Freiberg de Werner et Novalis), Husserl le 8 avril 1859 à Prosznitz près d'Olmütz le 8

devenu extérieur au judaïsme. Pour Freud aussi le nazisme a été l'achèvement cruel d'une confiance mal placée: Heidegger et Jung, les deux disciples non-juifs[1], ont trahi après avoir été choisis comme assistants et successeurs. L'ange tutélaire de Freud et de sa famille n'est pas un religieux belge, c'est une princesse parisienne, originale et cosmopolite, Marie Bonaparte, belle-sœur du roi de Grèce, cousine du roi de Danemark. Elle emmène Freud et sa famille à Paris puis à Londres, avec des meubles, des livres, des papiers. Freud comme Husserl voulaient échapper au nazisme, mais aussi transmettre un héritage intellectuel fait d'œuvres, de manuscrits et surtout de la continuité d'une inspiration: la cure analytique, comme la description phénoménologique doivent se réinventer à chaque génération par une pratique et une exigence qui ne sont pas un savoir livresque. L'inspiration survivrait-elle au maître? Dans quel pays, par quelle école ou quels canaux?

En ces années un autre intellectuel allemand s'est exilé, réfugié au Danemark puis en Finlande. Bertolt Brecht reprend sa pièce, la *Vie de Galilée*, en 1938. Il y ajoute une scène nouvelle, qui fait apparaître un soupçon inattendu porté sur la science et la rationalité modernes (peut-être à l'occasion de l'annonce de la première fission de l'uranium). Un jeune disciple de Galilée, devenu moine, se dresse contre lui; il reproche à son maître d'avoir retiré au monde le sens qu'il pouvait avoir, d'avoir rendu la vie plus difficile pour des paysans simples comme ses parents, accablés sous le poids des

avril 1859. Les deux localités (aujourd'hui Pribor et Prostejov) sont distantes de 80 km.
    1. Freud avait consciemment considéré la non-judéité de Jung comme un motif pour lui confier la transmission de l'héritage psychanalytique.

soucis quotidiens et des duretés du sort; ils étaient confiants en un univers clos et hiérarchisé, coloré par les valeurs symboliques qu'enseigne et cultive l'Église; la science nouvelle, qui met l'homme dans un lieu sans importance, lance la Terre parmi les planètes, anéantit ce qui faisait le prix et le sens de leur vie. Pour Brecht comme pour Husserl Galilée est, à cette époque sombre, le nom qu'on peut donner, emblématiquement, à la réussite et à la crise de l'Occident :

> J'ai grandi dans une famille de paysans de Campanie. Ce sont des gens simples, ils savent tout sur l'olivier, mais à part ça bien peu de choses. [...] Ils ne sont pas heureux, mais au sein de leur malheur même se trouve caché un certain ordre. Il y a ces différents cycles, depuis celui des grands nettoyages jusqu'à celui du paiement des impôts, en passant par celui des saisons dans l'oliveraie. [...] La force de traîner, ruisselant de sueur, leurs paniers le long de la montée pierreuse, le force de concevoir des enfants et même celle de manger, ils la puisent dans le sentiment de permanence et de nécessité que peuvent leur donner la vue du sol, celle des arbres reverdissant chaque année, celle de la petite église et la lecture de la Bible dominicale. Ils ont reçu l'assurance que le regard de la divinité est posé sur eux, interrogateur, presque anxieux; que tout ce théâtre du monde est édifié autour d'eux [...]. Que diraient les miens s'ils apprenaient de moi qu'ils se trouvent sur un petit amas de pierres qui, tournant sans arrêt dans l'espace vide, se déplace autour d'un autre astre, petit amas de pierres parmi beaucoup d'autres, et plutôt insignifiant [1] !

---

1. B. Brecht, *Vie de Galilée*, texte français d'A. Jacob et E. Pfrimmer, dans B. Brecht, *Théâtre complet*, vol. 4, Paris, L'Arche, 1975, p. 97-98.

LA FIGURE SPIRITUELLE DE L'EUROPE

L'Europe de 1935 est déchirée par les nationalismes. Pour
Husserl la définition même de l'Europe est en cause. Il ne
s'agit pas d'un groupe de peuples définis par un sol ou une
appartenance ethnique (le naturalisme biologique qui mécon-
naît l'humanité) mais d'une réalité spirituelle, définie par un
choix très ancien, qui impose une tâche infinie : se laisser
guider par la raison.

Husserl n'est pas un penseur politique, il s'est déclaré
solidaire de l'Allemagne en 1914-1918, mais sans éclat et sans
profession de foi. L'un de ses étudiants, Arnold Metzger, était
revenu en 1919 de cette guerre terrible, échappé de Sibérie il
avait participé à un soviet de soldats à Brestlitovsk et même
écrit une « phénoménologie de la révolution ». Husserl, dans
une lettre longue et personnelle[1], lui dit n'avoir pas voulu
écrire à propos de la guerre (contrairement à Max Scheler par
exemple[2]), et confesse que lui aussi a tenté de voir clair sur les
rapports entre phénoménologie et révolution, mais sans arriver
à rien de satisfaisant.

En 1923, une revue militante japonaise, le « Renouveau »
(*Kaizo*), demande à Husserl une série d'articles sur le thème
qui est celui de la revue même[3]. C'est l'occasion pour Husserl

---

1. Voir la présentation et la traduction de cette lettre par E. Kohak dans
Husserl Shorter Works, P. McCormick et F. Elliston (eds.), Notre Dame, Notre
Dame University Press, 1981, p. 357-364.

2. *Der Genius des Krieges und der deutsche Krieg*, 1915; *Krieg und
Aufbau*, 1916; *Die Ursachen des Deutschenhasses*, 1917.

3. Les premières pages des articles du *Kaizo* sont traduites en anglais et
présentées par J. Allen dans *Husserl Shorter Works*, p. 324-331. Voir l'article
de J. Benoist, « Le choix du métier, sur le rationalisme de Husserl », dans *Autour
de Husserl, L'Ego et la raison*, Paris, Vrin, 1994, p. 219-241. Une traduction du
Kaizo, par L. Journier, est à paraître aux Éditions Vrin, 2005.

d'expliquer le rôle de l'intellectuel et de porter un diagnostic sur la culture européenne. À ses yeux la guerre qui a eu lieu, et qui n'est pas terminée, puisqu'elle se continue par des tourments moraux et une misère économique qui détruit les ressorts spirituels, a montré clairement « la fausseté et l'insignifiance de la culture européenne »[1]. Un peuple ne peut vivre et créer que s'il a foi en lui-même et en sa propre culture. Nous avons perdu cette foi. Un renouveau est nécessaire, grâce à nous et en nous mêmes. Le prétendu « déclin de l'Occident » n'est fatal que si nous renonçons, et même notre passivité serait encore un acte libre. La foi qui nous guide peut déplacer les montagnes, si elle atteint à la *Klarheit*, la lucidité, la clarté sur les principes ultimes. La sophistique des politiciens utilise des arguments éthiques et sociaux pour couvrir les buts égoïstes d'un nationalisme totalement perverti.

Il faut une réforme de la culture, un renouveau qui sera fondé sur une vue scientifique de la réalité. Mais nous cherchons en vain la science qui pourrait nous porter secours. Nous possédons une science de la nature qui s'étend et permet une technique admirable, mais il nous manque une véritable science des réalités humaines. Ce serait une science de l'esprit et de l'humanité, fondée sur des principes et des vérités *a priori*, une science portant sur l'essence même de l'homme.

En quoi cette science différerait-elle des sciences de la nature ? Ici il ne s'agit plus seulement d'expliquer des faits, la rationalité doit aller jusqu'aux normes qui permettent de juger en vérité, d'évaluer droitement et de guider la pratique. Une connaissance claire des principes et des lois essentielles nous

---

1. « Die innere Unwahrheit, Sinnlosigkeit dieser Kultur enthüllt », *in* « Fünf Aufsätze über Erneuerung », *The Kaizo*, 1923, Husserl, *Aufsätze und Vorträge (1922-1937)*, H XXVII, p. 3.

donnera la clef, mais il faut bien se rappeler que les deux domaines, la nature et l'homme, sont distincts, prendre garde au préjugé naturaliste. Dans l'ordre des faits règne une causalité qu'étudie la science exacte de la nature, dans l'ordre humain il faut pouvoir tenir compte de ce pôle qu'est l'Ego ou l'intériorité humaine, entrant en relation avec d'autres Ego, formant des communautés, et se guidant sur la rationalité afin de penser, évaluer et vouloir de manière « correcte » (*recht*)[1]. Nous pouvons nous laisser conduire par la foi en une humanité authentique. En allant jusqu'aux racines de cette idée d'humanité, nous atteindrons une science de la culture et de la vie humaine.

Dans ces articles du *Kaizo* Husserl prolonge son programme de « rénovation » par une étude descriptive des formes de vie sociale, famille, nation, religion, avec quelques ébauches d'une sociologie de la culture assez rudimentaire. Voilà ce que le phénoménologue a à offrir en 1923, pour de jeunes japonais qui cherchent la voie du renouveau. C'est maigre en termes de politique pratique et de maximes d'action.

La zoologie des peuples

En 1935, à Vienne puis à Prague, dans les conférences qui sont le germe de la *Krisis*, Husserl propose des vues plus larges sur l'histoire, le destin de l'Europe, le rôle des sciences et de la philosophie. Le ton est plus dramatique, mais la ligne générale reste la même : seule une science peut nous sauver. À condition que ce soit une science plus haute, retrouvant l'inspiration unitaire et radicale qui fut celle de la philosophie à ses com-

---

1. « Zu den Akten und ihren Motivationen gehören Unterschiede der Vernunft und Unvernuft, des "rechten" und "unrechten" Denkens, Wertens und Wollens. », H XXVII, p. 8.

mencements, une philosophie qui se confondait avec l'unité des sciences.

« Il n'y a pas de zoologie des peuples ». Cette affirmation un peu provocante peut résumer ce que Husserl rejette. On ne comprend pas le destin des peuples, leur devenir et leur culture en forgeant une pseudo-biologie des communautés et des groupes nationaux. La conception « organique » du peuple de Becker et des nazis est de cet ordre, avec tout ce qu'elle charrie de simpliste et de violent sur la pureté des races, l'hygiène des peuples qu'il faut guérir, régénérer par un régime vigoureux.

Le biologisme des cultures a des versions plus raffinées, sous la forme par exemple du *Déclin de l'Occident* de Spengler, si souvent invoqué à l'époque. Y aurait-il des maladies des peuples, et des fatigues des cultures vieillissantes? L'idée sous-jacente est qu'un peuple, comme une plante ou un animal, devrait naître, se développer, atteindre sa maturité et décliner pour disparaître. Chaque culture ou nation aurait son destin fixé, avec des bornes irrévocables, et laisserait place à d'autres.

Husserl récuse cette analogie biologique dans sa Conférence de Vienne en mai 1935 :

> Non comme s'il s'agissait ici de cette tendance vers une fin qui, comme on sait, donne son caractère à un règne naturel, celui des êtres organiques. Donc, comme s'il y avait ici une sorte de développement biologique par degrés successifs, depuis la figure du germe jusqu'à la maturité, avec le vieillissement qui lui succède et la mort. Par essence il n'y a pas de zoologie des peuples. Les peuples sont des entités spirituelles, ils ne possèdent nullement, et en particulier la supranationalité que nous appelons Europe ne possède nullement une forme de maturité qu'elle aurait jamais atteinte ou qu'elle pourrait un

jour atteindre, une forme qui serait liée à une reproduction régulière[1].

Telle est la vie au sens de la biologie. Un organisme naît, croît, atteint sa taille optimale et décline. Un autre individu prend sa place et recommence le même cycle inéluctable. L'Europe ou l'Occident aurait ainsi naturellement son déclin au temps fixé, voilà tout.

Au sein de ce devenir cyclique les produits de la culture ne durent pas au-delà du peuple qui les porte, leur sens même doit s'effacer un jour, les tâches humaines sont finies, quelle que soit la croyance illusoire en leur valeur illimitée, « éternelle ». Nos idéaux et nos œuvres ne sont que des vagues fugitives dans une succession factuelle, avec des élans nourris d'illusions suivis de rappels lucides à la réalité cruelle de l'histoire[2].

La theoria

Pour Husserl il n'en va pas ainsi. Avec l'Europe nous sommes entrés dans un autre rythme, une autre temporalité[3]. L'humanité s'est haussée à un autre régime d'historicité.

En Grèce vers les VIIe-VIe siècles avant J.-C. a commencé quelque chose qui ne finira plus, a surgi une étincelle dont le feu s'est propagé. Ce quelque chose n'a pas de forme achevée, n'en aura pas. Il n'y a pas de figure close et complète de ce qui s'est déclenché là, pas de maturation qui préluderait à un déclin irrévocable. La notion de déclin de l'Occident n'a pas de sens.

1. Conférence de Vienne, H VI, p. 320. Voir la trad. fr. Granel, p. 354 (dans le manuscrit traduit par Ricœur p. 31-32 manquent les derniers mots).

2. Conférence de Prague, H XXIX, p. 104 ; texte repris dans la *Krisis*, § 2, H VI, p. 4-5, trad. fr. Granel, p. 11.

3. « Eine ganz andere Zeitlichkeit », H VI, p. 322, trad. fr. Granel, p. 357, trad. fr. Ricœur, p. 40.

Quelques hommes ont fait le choix de la connaissance, d'une vie réglée par la connaissance[1]. Il fallait pour cela une attitude rare et paradoxale : l'étonnement, l'intérêt pour la réalité sans aucun but pratique immédiat, la vacance des soucis de la survie quotidienne. Cette position nouvelle du spectateur désintéressé, les premiers philosophes l'ont nommée *bios theoretikos*. On peut penser à l'apologue attribué à Pythagore[2], qui propose « trois vies » : parmi ceux qui assistent aux jeux – les jeux de la vie – il y a ceux qui viennent pour concourir et remporter les prix, ceux qui viennent pour commercer et s'enrichir, ceux enfin qui viennent simplement pour regarder. Le philosophe fait partie des derniers, il a rejeté la gloire et la richesse au profit de la *theoria*.

Husserl décrit ce changement par le couple *Einstellung-Umstellung*[3]. Dans une culture traditionnelle les rôles sont bien établis, chacun a son « installation », son attitude, son style de vie habituel avec certaines orientations de l'intérêt.

1. Dans les réflexions morales de Husserl – assez frustes si on les compare à celles de Nietzsche ou Kierkegaard – une notion revient sous divers aspects : le choix de vie, la décision d'orienter sa vie par rapport à un idéal ou une norme, sous la forme d'un métier ou d'une vocation (*Beruf*). Ce choix crée des habitudes et un style, sous la domination d'une résolution unifiante (*Willensentschließung*, H VI, p. 327), d'une intentionnalité globale qui instaure une continuité d'orientation à travers les occupations de l'existence (*intentional überbrückende Kontinuität*, H VI, p. 328, que Granel traduit par « continuité qui comme un pont intentionnel, franchit les ruptures », p. 361).

2. Voir Jamblique, *Vie de Pythagore*, 12 (58) ou Diogène Laërce, VIII, I, 6. La notion de *bios theoretikos* est en réalité plutôt d'inspiration platonicienne (pour une mise en perspective à travers la tradition antique, voir A. J. Festugière, « Les trois vies », dans *Études de philosophie grecque*, Paris, Vrin, 1971, p. 117-156).

3. H VI, p. 326-327. Granel rend le couple *Einstellung-Umstellung* par « attitude » – « bouleversement »(p. 360-361), Carr par « attitude » – « reorientation », avec une note explicative (p. 280-281). Tout ce passage ne se trouve pas dans la version Strasser-Ricœur, qui mentionne seulement p. 46 un changement d'attitude (*Einstellungsänderung*).

L'attitude théorétique instaure une profonde rupture dans la communauté et dans l'orientation des intérêts, elle déplace, désinstalle les rôles et les positions.

Le cercle de l'intérêt s'élargit à l'immensité du monde, la philosophie est « cosmologique ». Elle se tourne non vers tel ou tel thème en fonction de buts pratiques, mais vers le tout du monde, vers ce qui habituellement n'est qu'un horizon auquel on ne s'intéresse pas. Le philosophe prend pour thème la réalité comme telle, dans son ensemble et sans restriction.

Les anciens philosophes, Pythagore, Platon, Aristote, ont justifié ce choix de la *theoria* par les avantages attachés à cette forme de vie : elle est noble et libre, ne visant rien d'autre qu'elle-même et dépendant peu des circonstances extérieures, elle ne fatigue pas, elle rend l'homme parent des dieux [1]. Husserl reprend cet éloge, mais avec d'autres motifs. Les produits de la *theoria* ne sont pas des biens matériels, ni des œuvres de culture dont le sens serait lié à un peuple, à ses valeurs et ses croyances, ce sont des produits idéaux qui se transmettent sans limite et servent de matériau pour des productions ultérieures, toujours plus hautes :

> ce qui est acquis ainsi, ce qui est validé comme vérité, peut servir de matériau pour la production d'idéalités de degré plus élevé, et ainsi toujours de nouveau. Lorsque l'intérêt théo-rétique s'est développé, chaque acquis possède d'avance le sens d'un but seulement relatif, il devient une transition vers des buts toujours nouveaux et toujours plus hauts, dans l'infi-nité d'un « domaine » de science tracé par avance comme un champ universel de travail. En parlant de science on désigne donc l'idée d'une infinité de tâches, dont à chaque fois une

---

1. Voir par exemple Aristote, *Ethique à Nicomaque*, X, 7.

portion finie a été accomplie et peut être conservée avec sa validité permanente [1].

Contrairement aux autres produits de la culture, les œuvres de la connaissance sont transmissibles et gardent leur sens pour servir de base à des connaissances ultérieures.

Il naît alors de nouvelles formes de communauté, rassemblées par le souci de la vérité comme d'un bien commun, travaillant à son élaboration par la critique mutuelle, et ouvertes à tout homme sans restriction d'appartenance nationale ou traditionnelle [2]. La pratique se modifie dans l'usage illimité de la connaissance. Aucune tradition, aucun préjugé, aucun dogme ne sont à l'abri des mises en question [3]. Les valeurs de la communauté, la beauté, les convenances, sont réélaborées, les convictions religieuses se transforment au creuset de la rationalité nouvelle (Husserl indique deux aspects : le passage du polythéisme au monothéisme, et le besoin de donner à la religion un fondement spécial sous la forme de l'évidence de la « foi » [4]).

LA *PROSPERITY* DES SCIENCES ET LE NAUFRAGE DE LA PHILOSOPHIE

La connaissance est ce qui donne son sens à la vie humaine, ce qui fait de l'Europe plus qu'un type ethnique ou géographique. Les hommes de la Renaissance et des Lumières

---

1. H VI, p. 323, trad. fr. Granel, p. 357, trad. anglaise Carr, p. 278.
2. H VI, p. 333, trad. fr. Granel, p. 367.
3. H VI p. 329 et 333-334, trad. fr. Granel, p. 363 et 367-368.
4. H VI p. 335, trad. fr. Granel, p. 369-370.

ont vécu de cet idéal[1]. La Renaissance a cherché une nouvelle
forme de vie, affirmant l'autonomie de l'homme sous l'invocation de l'humanisme antique; elle s'est progressivement
libérée du mythe et de la tradition pour réaliser l'exigence
d'une vie réglée par la raison[2]. L'Aufklärung a donné corps à
cette impulsion, dans un élan d'enthousiasme pour toutes les
entreprises de science, pour les réformes d'éducation, pour des
changements politiques, ce qu'on appelait magnifiquement
« l'esprit philosophique ».

Aujourd'hui tout cela paraît bien loin, et nous ne pouvons
entendre sans douleur l'Hymne à la Joie de Schiller et
Beethoven, où s'exprimait naïvement et chaleureusement
l'élan d'une humanité qui avait foi en elle-même[3].

S'il y avait de la naïveté dans le rationalisme des Lumières,
pouvons-nous espérer surmonter cette naïveté, la comprendre
assez profondément pour y échapper? Ce serait le rôle de la
philosophie, qui est gardienne de l'idéal de la *theoria* grecque,
d'une forme de vie individuelle et sociale guidée par la lucidité
et la connaissance rationnelle. Est-il encore vrai, pour nous,
que la science rend sage et heureux[4]?

Les sciences particulières ont réussi, de l'élan des
Lumières il nous reste toutes sortes de succès scientifiques et
techniques. Mais la philosophie a échoué, elle s'est épuisée
dans des combats toujours renouvelés pour se définir elle-
même. Elle devait être elle-même une science, la plus haute

1. Voir *Krisis* § 3. Le début de la *Krisis* (le texte publié en 1936) est
une amplification des premières pages du texte des Conférences de Prague
(H XXIX, p. 103-110).
2. « Ideal eines autonomen Menschentums, einer Kultur aus reiner
Vernunft » (H XXIX, p. 107).
3. H VI, p. 8, trad. fr. Granel, p. 15 (texte de Prague, H XXIX, p. 106).
4. H VI, p. 337, trad. fr. Granel, p. 371.

de toutes, pilotant et réglant les autres formes de savoir. Les penseurs classiques, sous le nom de métaphysique, lui réservaient la première place et tentaient d'y répondre aux « problèmes de la raison » (la connaissance, la place de l'homme, le sens de l'histoire, la liberté, l'immortalité, la notion de Dieu). Les tentatives de science universelle, souvent calquée sur le modèle des sciences mathématiques de la nature, avec une méthode qui devait embrasser et résoudre tous les problèmes, ont fait naufrage. Cette métaphysique est devenue un objet de dérision, et cela signifie que plus aucune science ne prend en charge les problèmes les plus essentiels à notre vie. Les jeunes générations se détournent de « la science » parce qu'ils savent qu'elle n'a rien à leur dire sur les questions les plus brûlantes, mais aucun philosophie sérieuse ne peut non plus élever la voix.

Husserl dresse sommairement la liste des tendances philosophiques régnantes : scepticisme, irrationalisme, mysticismes [1]. Ce sont plutôt des anti-philosophies, qui entérinent la « banqueroute » de la pensée rationnelle [2]. Une place à part doit être réservée à une forme de philosophie que Husserl mentionne par allusions : le culte de la « décision », c'est-à-dire très probablement toute la philosophie de l'existence (heideggerienne en particulier). Ce danger qui guette la pensée de son époque, c'est l'impatience qui rejette les analyses, les théories, les travaux rigoureux et scientifiques en invoquant l'urgence et l'engagement. Nous devons « nous soucier d'une compréhension radicale de nous-mêmes avant toute décision » [3]. Un passage de la *Logique* de 1929, au milieu d'une introduction

---

1. Au pluriel dans le texte de Prague H XXIX, p. 103.
2. Le terme de banqueroute est en général réservé à Hume (voir *Krisis*, § 23 etc.).
3. H VI, p. 16, trad. fr. Granel, p. 23.

qui orchestre déjà les thèmes de la *Krisis*, précise l'allusion : faut-il une philosophie qui tente avec rigueur de présenter des prises de conscience et des normes rationnellement établies ?

> Certes nous n'obtenons ainsi que des généralités à quoi il faut répondre ultimement, des « principes », alors que la vie est faite de décisions de « l'instant », un instant qui n'a jamais le temps pour rechercher des fondations au sein d'une rationalité scientifique[1].

L'existentialiste n'a jamais le temps ; comme disait un auditeur de Heidegger à la sortie d'une leçon du maître : on se sent décidé mais on ne sait pas trop à quoi ! De la part de Husserl c'est un coup de griffe plutôt qu'une critique détaillée, mais il porte sur un point essentiel : pour Heidegger le *Dasein* n'est ouvert que s'il est décidé (en jouant sur l'assonance *Erschließen-Entschließen*[2]). La subordination de la connaissance à la décision, à l'attitude authentique, pourrait être prise comme la définition même du dispositif religieux : « on n'entre dans la vérité que par la charité »[3]. Peut-on supposer que Husserl rangerait Heidegger parmi les mysticismes ?

Un autre courant philosophique est fortement présent, mais de manière plus secrète : le néo-kantisme. Dans cette tradition philosophique Husserl a trouvé des partenaires ouverts, respectables et stimulants, comme Paul Natorp autour de 1900 lorsqu'il rédigeait ses *Recherches Logiques*, ou

---

1. *Formale und Transzendantale Logik*, H XVII, p. 10 : « Freilich gewinnen wir so nur letztzuverantwortende Allgemeinheiten, "Prinzipien", wo doch das Leben in Entscheidungen des "Augenblicks" besteht, der für Begründungen in wissenschaftlicher Rationalität nie Zeit hat ».

2. *Sein und Zeit*, p. 297.

3. Texte de Pascal, reprenant Saint Augustin, cité par Heidegger, *Sein und Zeit*, p. 139.

comme Heinrich Rickert qu'il discute en détails dans son cours de 1927, *Nature et Esprit*. Ci-dessous nous montrerons que la théorie néo-kantienne de l'objectivité est le repoussoir – et donc l'arrière-plan – de la *Krisis*, du moins pour ce qui touche à la critique de la science galiléenne

Le conflit entre les néo-kantiens et Husserl porte sur un point essentiel : devons-nous accepter la science de Galilée et Newton comme un fait, *ein Faktum*, que la philosophie aurait pour tâche d'expliquer et de justifier ? C'est une formule célèbre de la *Critique de la raison pure* (B 128), qui sert d'argument contre le scepticisme. La science newtonienne est, il nous reste à en rendre compte – quitte à la transformer en un édifice plus rigide que la construction newtonienne elle-même, bancale, inductive et incomplète. Newton était insatisfait de sa propre conception de la matière, désolé de ne pas avoir réussi à présenter les lois et les causes des phénomènes naturels, les *Principia* étaient le torse d'une vaste science inachevée. Pourtant Newton a été célébré et embaumé comme la réussite suprême de la science occidentale. Kant, et plus encore ses disciples, ont sacralisé la science newtonienne.

Selon Hermann Cohen, la philosophie a pour tâche, contre le scepticisme, de justifier notre croyance en la science, telle que Galilée et Newton l'ont fait fructifier[1]. On prend pour point de départ la science de la nature, avec tout l'exercice raffiné et méthodique de l'expérience qu'elle suppose, et on en recherche les conditions dans la forme même de l'intuition et de l'entendement : « ce n'est pas l'entendement humain comme tel dont il faut mesurer l'étendue grâce aux catégories, c'est au contraire l'entendement pour autant qu'il est l'expression d'ensemble des conditions sur lesquelles repose

---

1. H. Cohen, *Kants Theorie der Erfahrung*, 1918, p. 109-110.

l'unité de l'expérience »[1]. Peut-il y a voir des doutes sur la possibilité d'une table exhaustive des catégories? Si le concept d'expérience était lui-même douteux, alors on pourrait douter de la possibilité d'établir une pareille table.

> Mais si en revanche on pense le concept d'expérience comme la tâche qu'il faut accomplir étant donné le «Faktum» de la science, alors il n'y a plus d'objection de méthode à devoir se rendre maître des conditions complètes de l'expérience, en tant que l'expérience est la connaissance que donne la science[2].

Leur « théorie de l'expérience » (*Theorie der Erfahrung*) est un double philosophique de la physique mathématisante, elle explique comment la géométrie est le premier tremplin d'une science nécessaire, portant sur des objets en soi[3], et comment les connexions de causalité ou la permanence des substances garantissent l'objectivité d'un monde. Avec cette philosophie qui décrit la «constitution de la réalité dans les sciences de la nature »[4], on reste prisonnier des décisions et des présupposés galiléens. Dès 1907, Husserl a conscience de devoir construire une autre *Theorie der Erfahrung*, qui commencera plus modestement et plus radicalement[5].

---

1. *Ibid.*, p. 372.
2. «Denkt man dagegen den Begriff der Erfahrung als die an dem "Faktum" der Wissenschaft zu vollziehende Aufgabe», H. Cohen, *Kants Theorie der Erfahrung*, 1918, p. 373.
3. Selon Cohen on reconnaît la parenté frappante de Platon avec Kant dans le jugement de Platon sur la géométrie : « Die Geometrie ist die Erkenntnis des beständig Seienden » (H. Cohen, *Kants Theorie der Erfahrung*, 1918, p. 21).
4. Husserl, *Ding und Raum*, (*Chose et espace*), H XVI, p. 4 («die Probleme der Konstitution der naturwissenschaftlichen Wirklichkeit »).
5. Voir le début de *Ding und Raum*, H XVI, p. 4-5, qui contient une critique implicite de cette *Theorie der Erfahrung*, et propose une autre *Theorie der Erfahrung*, qui devra être un travail de description phénoménologique portant sur les toutes premières données de l'expérience sensible.

Aux yeux de Husserl, la sacralisation de la science newtonienne est inacceptable. On dira que cette science a réussi, mais la corroboration inductive ne garantit pas les hypothèses, et certainement pas au point de les rendre consubstantielles à la raison elle-même. Le philosophe est en quête d'une science véritable, sans être certain d'avance qu'une telle science existe. Dans son souci jaloux et vigilant de n'accepter aucun préjugé, il ne saurait tenir les sciences de son époque comme des données admises. Comme le dit joliment la traduction Peiffer–Lévinas des *Méditations cartésiennes*, le philosophe-phénoménologue « fait vœu de pauvreté en matière de connaissance »[1].

SCIENCES OU TECHNIQUES ?

Aujourd'hui les sciences sont spécialisées et coupées de leur unité vivante; le positivisme est la théorie de cette connaissance « décapitée ». Il n'en a pas toujours été ainsi, les sciences sont nées, elles ont reçu leur définition et leur orientation dans le sein de la philosophie, qui incluait et guidait tous les savoirs. Elles sont issues de la *theoria* grecque, ce sont les branches, les « ramifications »[2] (*Verzweigungen*) d'un seul effort unitaire pour comprendre le monde.

Vantardise de philosophe? Historiquement il semble que la revendication de Husserl est fondée. L'expérience de l'histoire des savoirs, dans leur diversité, atteste que presque tous les savoirs organisés qui ont fleuri en Occident sont nés dans le sillage de la pensée théorique grecque. L'entre-

1. *Méditations cartésiennes*, Paris, Vrin, 2001, p. 19.
2. Granel traduit par « rameaux », p. 13 (H VI, p. 6).

prise gigantesque d'Aristote et ses successeurs (Théophraste,
l'auteur inconnu des *Questions mécaniques*, etc.) a instauré
une organisation du savoir en branches distinctes, sous des
principes propres à chaque domaine : la logique avec ses
branches, la rhétorique, la politique sous forme positive et sous
forme spéculative, les sciences du vivant dans leur immense
variété, la science des minéraux, celle des phénomènes célestes proches et lointains, l'étude des mouvements dans la
nature, la recherche des fondements des machines. L'homme
et les dieux avaient naturellement leur place dans l'encyclopédie, avec des traités sur le divin ou sur la vie heureuse
et la perfection humaine. D'autres théories particulières ont
attendu un peu plus longtemps, comme la grammaire, l'hydraulique, l'astronomie d'observation détaillée ou l'anatomie
humaine, et c'est plutôt chez les savants d'Alexandrie[1] qu'on
les trouve établies rationnellement. Il n'est pas jusqu'à l'alchi-
mie qui ne doive à la tradition grecque un effort remarquable
de rationalisation.

On est chaque fois surpris, dès que l'on s'intéresse à une
« science » particulière, de constater à quel point l'empreinte
rationnelle grecque a marqué le développement du savoir.
Dans chaque cas il s'est opéré un passage du savoir-faire
empirique à un savoir organisé, ce qui implique le dégagement
d'un domaine de réalité (le langage, les météores, les syllo-
gismes, les plantes, les constitutions) et la recherche de principes fondateurs pour en guider l'étude. On savait depuis fort
longtemps construire des édifices ou mener des canaux, ou

---

1. Mentionnons Euclide, Eratosthène, Héron, Ptolémée pour la géométrie,
l'arithmétique, l'astronomie, la géographie, l'optique, la mécanique ; les gram-
mairiens comme Denys le Thrace ; les médecins comme Hérophile ou Galien.
L'encyclopédie alexandrine est probablement plus marquée par le stoïcisme,
qui proposait ses propres principes et sa propre classification des savoirs.

observer le ciel, ou discuter et comparer les formes de gouvernement, mais c'est seulement dans l'orbite de la *theoria* grecque que ces réalités ont été enserrées dans des « traités » méthodiquement arrangés qui ont permis une accumulation critique des savoirs.

En ce sens il paraît justifié de prétendre que les sciences occidentales sont nées de la philosophie, ou plutôt avec elle, dans un effort global de saisie rationnelle de la réalité, sous toutes ses formes d'apparition.

Ce que Husserl décrit de notre époque, c'est pour ainsi dire le mouvement inverse : les savoirs deviennent autonomes, coupés de l'unité vivante qui leur donne leur sens dans la réalité globale et pour le sujet humain, et d'autre part les savoirs redeviennent de pures techniques. Les sciences se dégradent en calculs et prévisions. Celui qui a peiné à comprendre et utiliser les premiers principes de la mécanique quantique, y reconnaîtra-t-il des éléments de connaissance ? Il s'agit bien d'une théorie, pour autant que des principes sont énoncés et des conséquences tirées avec la plus grande rigueur, et le raccord à la réalité est assuré par le succès des prédictions extraordinairement précises. Mais est-ce une connaissance ? On enseigne à opérer sur certains symboles [1] et à raccorder les calculs aux constatations, les principes se bornant à énoncer les règles d'un calcul et les prescriptions du processus de mesure.

Aux yeux de Husserl, calculer et prévoir, ce n'est pas connaître. *Wissenschaft ist nicht Kunst,* un savoir-faire technique n'est pas une connaissance :

---

1. Le savant se meut dans une « anschauungsferne Symbolik », H VI, p. 21, trad. fr. Granel, p. 28.

> La science mathématique de la nature est une technique admirable pour faire des inductions qui sont d'une efficacité, d'une probabilité, d'une exactitude, d'une facilité de calcul qu'on n'aurait jamais imaginées. Comme réalisation (*Leistung*) c'est un triomphe de l'esprit humain. Mais pour ce qui concerne la rationalité de ses méthodes et de ses théories, elle est très relative. Elle présuppose un ensemble d'hypothèses fondamentales (*Grundlagenansatz*) qui lui-même manque totalement d'une véritable rationalité[1].

Ces doutes, ce soupçon présupposent que science et technique sont différentes par principe. La science s'est vidée de son sens en se technicisant. Que veut dire ce reproche ? Tout d'abord il faut maintenir que la science et la technique sont des activités distinctes, rester conscient de la différence entre science et technique[2]. Husserl mentionne souvent d'un même souffle les sciences exactes et leurs applications pratiques, leurs retombées instrumentales, leur utilité pour la vie etc., mais il les maintient distinctes. À ses yeux la science ne vise pas la commodité humaine, le confort ou la domination de la nature, ce n'est pas un instrument d'adaptation, c'est une entreprise de connaissance. La technique utilise des procédés pour obtenir des résultats, dans un but pratique, et la légitimité est dans le résultat. La science vise aussi des résultats, mais d'une nature particulière : des vérités, des connaissances. Elle cherche à saisir et comprendre le réel.

Il s'oppose en cela à Heidegger – qu'il ne mentionne pas dans ce contexte –, pour qui science et technique sont prises ensemble dans un dispositif fondamental, dans l'entreprise

1. H VI, p. 343, trad. fr. Granel, p. 378, version Ricœur, p. 87.
2. *Krisis*, § 9 g, H VI, p. 48 : « certes on reste conscient jusqu'à un certain point, de la différence entre *techné* et science ».

globale d'arraisonnement (*Gestell*) du monde, triomphe et cauchemar de l'homme occidental, jusqu'à ce qu'advienne le tournant salvateur (*die Kehre*).

Pour Heidegger la relation entre technique et science de la nature, une relation qu'on pourrait nommer interne, symbiotique, est un enjeu essentiel. La science moderne technicise la nature, elle la met en demeure d'être à disposition ; la science est déjà technique avant même d'avoir rendu possible des applications techniques :

> La physique moderne est le précurseur de l'Arraisonnement (*Gestells*), précurseur encore inconnu dans son origine [1].

En apparence la technique est un produit ou un résultat de la science, et vient historiquement après elle. En réalité l'essence même de la science moderne est déjà dans l'attitude de maîtrise illimitée, d'arraisonnement du réel :

> La technique moderne n'a-t-elle pas fait ses premiers pas seulement lorsqu'elle a pu s'appuyer sur la science exacte de la nature ? Du point de vue des calculs de « l'histoire » (*historisch gerechnet*), l'objection demeure correcte. Pensée au sens de l'histoire (*geschichtlich gedacht*), elle passe à côté du vrai.
> La théorie de la nature élaborée par la physique moderne a préparé les chemins, non pas à la technique en premier lieu, mais à l'essence de la technique moderne. Car le rassemblement qui provoque et conduit au dévoilement commettant (*das herausfordernde Versammeln in das bestellende Entbergen*) règne déjà dans la physique [2].

---

1. Heidegger, « Die Frage nach der Technik » in *Vorträge und Aufsätze*, Tübingen, 1990, p. 25 ; trad. fr. A. Préau, *Essais et conférences*, Paris, 1958, p. 29-30. Voir M. Haar, *Le tournant de la détresse* dans Heidegger, *Cahiers de l'Herne*, 1983, p. 315-329.

2. *Ibid.*

Pour Heidegger science et technique ont une essence commune, ou plutôt la science est technique dans son essence même.

Husserl concèderait que la science galiléenne est devenue une pure technique, et même que la géométrie était déjà une *techné*. Mais pour cette raison précisément, ce ne sont pas des sciences, pas des connaissances. Un refrain court dans la *Krisis*: *Wissenschaft ist nicht Kunst*, la science n'est pas artificieuse, un art ou une technique ne sont pas des connaissances. Comme nous l'avons dit en commençant, la connaissance du réel est la grande affaire, la question de Husserl depuis ses débuts en philosophie. Il veut obstinément et patiemment résoudre ce qu'il appelle « l'énigme de la connaissance » : comment un être peut-il entrer dans cette relation particulière avec son entourage qui s'appelle connaître ? comment un objet extérieur à moi, un quelque chose de « transcendant » peut-il s'annoncer pour moi, m'être donné à travers mes états de conscience ? comment l'homme peut-il sortir de lui-même en quelque sorte pour connaître ?[1]. Une vue pragmatiste, qui ferait de la connaissance une simple adaptation, et de la vérité un faisceau de conséquences factuelles, est pour lui inacceptable[2]. L'homme est curieux, il cherche à connaître, à pénétrer dans les choses – comme Aristote

1. On trouvera beaucoup de textes en ce sens à travers les œuvres de Husserl de diverses époques. Les plus frappants sont peut-être dans les Leçons de 1907 publiées sous le titre *Die Idee der Phänomenologie*, H II, p. 19, 33 et 75. Il parle de *Mysterium*, de *Rätselhaftigkeit*, etc. Voir aussi par exemple *Log. Unters.*, II, 1, p. 8 : « Comment comprendre que l'"en soi" de l'objectivité parvienne à la "représentation", et même parvienne à être "saisi" dans la connaissance, qu'à la fin il devienne donc de nouveau subjectif ? Ce que cela veut dire, que l'objet soit à la fois "en soi" et "donné" dans l'expérience ? ».

2. Au moment de caractériser d'un mot son ami Husserl, à l'occasion de tractations de politique universitaire, G. Cantor dit simplement qu'en tous cas Husserl n'est pas darwiniste.

l'affirme au début de la *Métaphysique*. La quête de connaissance est le ressort qui dynamise et guide le moi dans son rapport au réel, comme l'illustre la montée méthodique orchestrée dans *Expérience et Jugement*, depuis l'affection la plus brute jusqu'aux concepts.

La question qui nous occupera pourrait donc se formuler ainsi : la science mathématique de la nature, qu'a créée ou développée Galilée, est-elle une connaissance ? Entrons dans le § 9 de la *Krisis*, en commençant, dans l'ordre historique et logique, par la géométrie.

LES ÉTAPES DE LA SCIENCE MODERNE
(*KRISIS* § 9)

ÊTRE GÉOMÈTRE

Comment devient-on géomètre? Être géomètre, c'est circuler à l'aise dans un univers particulier, celui des droites, cercles, plans, etc., c'est-à-dire des formes exactes, plus propres et plus stables que les contours des objets dans notre monde. Avec ces formes on joue, on les compare, on les compose, on les dissèque, on apprend à réduire une forme compliquée à des formes simples, ou à construire des édifices en partant de formes élémentaires, comme dans les jeux des enfants. On apprend aussi à relier les formes entre elles, selon leurs dimensions, le point limitant la droite, la droite limitant le plan, les droites se coupant en un point, etc. Les Grecs ont montré le chemin d'une science autonome de ces formes, une science où l'on décompose et reconstruit, une science également où l'on démontre, c'est-à-dire où l'on engendre des vérités nouvelles, de plus en plus hautes et lointaines, à partir des vérités premières qui définissent les formes et leurs relations, sans tirer argument de la figure visible. Démontrer, c'est un acte étonnant et nouveau : non pas inspecter quarante figures différentes pour en tirer une généralité inductive, non pas faire confiance à ses yeux, mais s'élever à l'idéalité en n'utilisant la figure que comme un guide provisoire, une image imparfaite.

La géométrie est le grand modèle, le premier exemple d'une connaissance stable et indubitable. Husserl fait partager son admiration pour cette première science, il fait partager aussi ses soupçons. Car si la géométrie est maîtresse d'exactitude et d'objectivité, elle est également maîtresse de confusion. Les géomètres, et nous tous aujourd'hui, avons tellement l'habitude de passer sans y prendre garde d'un monde à l'autre, des contours flous des objets aux formes pures de la géométrie, nous sommes si familiers des allers et retours (*Wechsel*) d'« abstraction » et d'« application », que nous ne voyons plus la différence entre le cercle et le rond, entre le carré et le carreau[1]. La distance entre la géométrie et l'expérience ne nous apparaît même plus. Nous avons perdu conscience des « gestes », ou des « décisions », ou des « postures », ou des méconnaissances, qui permettent la pratique de la géométrie. Galilée s'est laissé prendre à cette confusion, il a cru à la réalité physique de la géométrie et a voulu étendre ce mariage – ou plutôt cette union équivoque, fondée sur un malentendu – à la totalité du monde de l'expérience.

Étalons et types

Il faut faire de l'évidence géométrique un problème – ce que Galilée n'a pas fait[2]. De quelles conduites pratiques,

---

1. « So alltäglich vertraut ist der Wechsel zwischen apriorischer Theorie und Empirie », H VI, p. 21, trad. fr. Granel, p. 29.
2. « Das lag einem Galilei ganz fern. », H V, p. 26, trad. fr. Granel, p. 34.

de quels traits de la perception et de l'expérience est née la géométrie? Le texte intitulé trompeusement «L'origine de la géométrie»[1] ne dit pas grand chose sur ce point, il traite plutôt de la transmission des objets de culture, mais il contient tout de même deux pages[2] à propos des pratiques qui ont conduit à la géométrie, et ce bref texte éclaire un peu les passages elliptiques de la *Krisis* proprement dite.

La géométrie s'enracine dans des pratiques de comparaison, de rectification, d'étalonnage. Pour fabriquer, pour construire, pour distribuer également (*austeilen*), pour évaluer des longueurs de chemin, nous utilisons des formes privilégiées qui servent de moyens de comparaison[3]. Le rectiligne et le circulaire sont plus simples, plus commodes, dès lors qu'il s'agit de se mettre d'accord et de standardiser les contours; de même le carré est une bonne norme de mesure des aires. On rapporte les formes intuitives floues à ces étalons, ça dépasse toujours plus ou moins, mais peu importe. La mesure, sous cette forme primitive de l'arpentage, est une proto-géométrie qui ne prétend pas à l'exactitude, qui ne suppose pas que les objets sont parfaitement enserrés et recouverts par ses mailles toujours approchées.

La vie quotidienne, le bricolage, les techniques ont déjà leurs «patterns», leurs patrons, règles, schémas, équerres,

---

1. Beilage III dans H VI, Appendice III de la trad. fr. Granel. Le titre *Der Ursprung der Geometrie* a été donné par Fink.

2. H VI, p. 383-384, trad. fr. Granel, p. 423-424 (reprenant la trad. fr. Derrida, p. 209-211): il s'agit de «prendre pour thème l'apodictique déterminé (*dasjenige Apodiktische*) dont pouvait disposer, à partir du monde pré-scientifique, le proto-fondateur de la géométrie, et qui a dû (*mußte*) lui servir de matériel pour ses idéalisations».

3. La traduction de Derrida est gâtée par des préciosités inutiles, comme «restauration» pour *Herstellung*, ou «vecteur» pour *Richtung*, là où Carr traduit platement et fidèlement par «production» et «direction» (p. 375).

niveaux, fils à plomb, pochoirs, moules, épures, une riche panoplie pour les pratiques de contrôle, de rectification, de comparaison, de correction.

Une phénoménologie des formes typiques est possible : on décrirait comment nous classons les formes, comment nous nous faisons un stock de formes-étalons, une morphologie de contours simples et basiques, qui nous servent à regarder les choses en les évaluant d'après leur proximité à quelques types [1].

C'est de là qu'est née la géométrie, par un changement d'attitude. Il s'est trouvé des hommes pour s'intéresser à ces patrons perceptifs, pour isoler et prendre comme thème de *theoria* les types de formes. Ils se sont installés dans les formes-limites, en faisant comme si on pouvait être arrivé au bout des approximations.

Pourquoi cela est-il possible avec les formes géométriques ? Nous sommes renvoyés à une question simple et difficile : pourquoi peut-on traiter idéalement les patterns de forme, les contours-types, et pas les couleurs ou les parfums ? Il y a bien une pratique des échantillons de couleur pour le commerce des tissus ou des peintures. Mais on n'en a pas tiré une nouvelle pratique abstraite et idéalisante, qui opèrerait sur les couleurs de base, sur les odeurs types, et transformerait la pratique des échantillons en un jeu d'opérations, de reconstruction à partir d'éléments simples (deux parfums de telle et

---

1. Il faudrait montrer le lien avec la notion phénoménologique de « donation optimale », voir *Ding und Raum*, § 35-36 : il y des cas où l'esquisse de l'objet nous paraît spécialement réussie, où nous n'attendons pas mieux, bien que naturellement l'objet ne soit jamais donné totalement lui-même. Ces esquisses optimales peuvent être décrites comme des « points-limites » (*Grenzpunkte*) dans l'accroissement de richesse et de complétude de la démarche percevante. (H XVI, p. 126, trad. fr. Lavigne, p. 157).

telle sorte peuvent-ils faire un troisième parfum bien défini, en opérant d'une manière canonique sur les signes qui représentent les parfums de base, de même pour les couleurs ?).

Husserl a une réponse très intéressante : dans le cas des contours il existe des gradations orientées vers un état final, vers des formes-limites, pas dans le cas des parfums ou des couleurs. Il n'y a pas de perfection du bleu, ou de norme de l'odeur de jasmin, alors qu'il y a une perfection du circulaire ou du plat. On ne peut sortir de la gradualité empirique et sensible pour les couleurs ou les odeurs. Au contraire l'optimum de contour a un sens indépendamment de la perception, il peut être traité pour lui-même. La « gradualité » des contours, dans la direction du plus circulaire ou du plus rectiligne, a un maximum bien défini, que bien sûr la nature ne donne jamais, mais que nous pouvons isoler par la pensée.

Lorsque nous nous intéressons à ces formes-limites pour elles-mêmes, « alors nous sommes géomètres »[1]. Le vrai géomètre oublie même les racines de sa pratique, il traite les cercles, droites comme des objets de plein droit, en s'appuyant sur les incarnations sensibles de ses idéalités, c'est-à-dire sur quelques schémas et sur une déposition écrite sous forme de signes qui représentent les idéalités. Il opère sur ces représentants comme s'ils lui donnaient directement la vision[2]

---

1. H VI, p. 23, trad. fr. Granel, p. 30.
2. « Durch Sprache und Schrift, schlicht apperzeptiv erfaßt », H VI, p. 23, trad. fr. Granel, p. 31. La formule très ramassée est ironique : si la saisie se fait *durch*, « à travers » les signes du langage oral et écrit, comment peut-on avoir l'illusion qu'elle est *schlicht*, « directe et simple » ? Le géomètre vit dans la confusion.

de ces entités, il sait « manipuler » (*hantieren*)[1] le monde des objets idéaux de la géométrie. Les signes ne sont que des supports, mais le géomètre les traite pour eux-mêmes. (C'est une très ancienne inquiétude de Husserl : que de fois nous croyons avoir affaire aux choses elles-mêmes, alors que nous nous mouvons seulement parmi des signes[2] !).

Le géomètre domine un monde, il engendre ses formes à partir d'un réservoir très pauvre et essentiel de quelques formes de base. Il est le démiurge d'un univers autonome, qui diffère de notre univers par son infinité dominée, sa « clôture »[3] : toute forme est accessible, définissable à partir des formes primitives[4].

La mesure exacte

La « mesure » prend alors un sens nouveau : le mathématicien ne se laisse pas arrêter par les imperfections des formes, il cerne toujours davantage les contours, les aires, les volumes, il en épuise le contenu par une progression infinie d'approximations. C'est la « mesure » au sens mathématique. Déterminer la mesure de quelque chose, c'est effectuer la comparaison entre une grandeur composée quelconque, bossue, irrégulière, anguleuse, résistante, et une grandeur étalon de même dimension. Ainsi mesurer le cercle, c'est le « quarrer », en effectuer la quadrature, déterminer le rapport entre un

---

1. H VI, p. 23 (Granel traduit à tort par « hanter », un mot qui est peut-être passé aussi chez Merleau-Ponty – contresens créateur ? – qui parle de « hanter un monde »).

2. Voir *Philosophie der Arithmetik*, H XII, p. 292, trad. fr. English, p. 318, etc.

3. « Eine unendliche und doch geschlossene Welt idealer Gegenständlichkeiten als Arbeitsfeld », H VI, p. 23, trad. fr. Granel, p. 31.

4. « Alle überhaupt erdenklichen idealen Gestalten […] zu erzeugen », H VI, p. 24, trad. fr. Granel, p. 32.

carré-étalon et le cercle (voir le livre d'Archimède *La mesure du cercle*). Mesurer un arc de courbe, c'est en effectuer la rectification, c'est-à-dire comparer sa « longueur » – si le mot a un sens - avec la longueur d'un segment rectiligne pris comme unité. De même « cuber » c'est mesurer le volume d'un solide par référence à un cube de côté un. On calcule combien de fois la grandeur étalon doit être itérée pour recouvrir exactement la grandeur irrégulière proposée. Dans le cas général c'est impossible à moins d'accepter des itérations et des subdivisions infinies. C'est ce que Husserl nomme d'un mot assez laid *die Exaktmachung der Kontinua*, « l'exactification des grandeurs continues ». Il faut prendre garde au fait que dans ce § 9 de la *Krisis*, « mesure » désigne en bien des cas ce concept mathématique strict, cette extension hardie de la comparaison exacte au delà du domaine de la géométrie, dans le monde des formes inexactes. Arpentage (*Feldmessung*) et mesure (*Maß*, *Ausmessung*) sont alors distincts : la mesure est exacte et elle épuise ce qu'elle mesure, pas l'arpentage qui reste toujours approché. En ce sens très fort « mesure » dit la même chose, dans le texte de Husserl, qu'« exactification des continus » [1].

Cette mesure exacte, sans reste, suppose des approximations et un passage à la limite, ou des procédés voisins comme la « double réduction à l'absurde » (Euclide XII, 2 etc.; les Anciens parvenaient à éviter l'emploi de l'infini dans ces cas, et c'est peut-être pourquoi Husserl déclare de manière un

---

1. On rappellera que Husserl, par son travail auprès de Weierstrass et sa proximité professionnelle et amicale avec Cantor, était très au fait des questions de la définition des « nombres réels ». L'arithmétisation du continu unidimensionnel est probablement pour lui le point extrême de l'exactification des continus, et il serait intéressant de rechercher si ce qu'il dit des confusions ontologiques de la géométrie antique et de la science galiléenne s'applique aussi à la « construction des réels ».

peu sibylline que la géométrie antique n'avait que des tâches finies). La mesure exacte n'aboutit qu'au prix d'une infinité qu'il faut supposer achevée et complètement parcourue. Il y a déjà ici ce que Husserl reprochera plus loin à Galilée : la « substruction d'infinités », la présupposition que derrière le réel rebelle et tordu il existe un réel maîtrisable et exact, sous la condition d'un processus infini d'approximation.

Le vague

Nous sommes entrés sans y prendre garde dans une discussion philosophique redoutable, celle de la définition du vague[1]. Le mot revient souvent ici, le vague ou ses équivalents : flou, fluent, seulement typique, à peu près, approximatif. Ces adjectifs caractérisent le monde de l'expérience vécue, par opposition au monde de la géométrie :

> Le besoin pratique de l'arpentage ne conduit d'abord qu'à ceci : délimiter dans le vague, c'est-à-dire selon des types sensibles, ce qui vaut comme typiquement égal (pour les besoins pratiques qui se présentent à chaque fois) en le séparant de ce qui ne vaut pas comme typiquement égal[2].

Les choses de la vie courante présentent des formes et des contours difficiles à préciser, vaguement circulaires ou à peu près cubiques. Ces formes ne sont pas seulement imprécises, elles sont également instables et mal fixées, elles glissent et se ramollissent de minute en minute ou même de seconde en seconde, elles passent en d'autres formes approximatives qui ne dureront pas non plus : « leur identité à elle-même, leur égalité avec elles-mêmes et leur permanence d'un moment

---

1. Voir par exemple Jean van Heijenoort, « On vagueness » (conférence donnée à Paris).
2. H VI, p. 290, trad. fr. Granel, p. 321.

(*zeitweilig Dauern*) dans cette égalité n'est qu'approximative (*ein bloß Ungefähres*), tout comme leur égalité avec une autre » [1].

En gros il est vrai, les choses se regroupent, elles se rangent pour quelque temps en paquets de choses ressemblantes, autour d'un « type ». Mais elles sont toujours à une certaine distance du type, aucune chose ne le réalise parfaitement, les choses « se tiennent dans l'oscillation de ce qui est simplement typique », dans une distribution irrégulière, instable et vacillante autour du type (*Die Dinge [...] stehen [...] im Schwanken des bloß Typischen*) [2].

Le regroupement en types peut être utile en bien des cas, par exemple pour comparer des choses où l'on cherche une équivalence. La mesure, l'action de mesurer, s'appuie sur de tels types, elle admet pour les besoins du moment que telle chose est circulaire ou carrée, et qu'on pourra la comparer quant à sa forme ou son contenu d'aire avec telle autre chose. Ce sont les intérêts pratiques qui sont ici les guides ; si l'on veut aller plus loin dans la précision, on peut toujours tenter d'affiner les mesures. Il n'y a pas besoin de supposer que les choses sont vraiment et franchement carrées ou rondes, il suffit de prendre une « typification » un peu différente et plus raffinée. « Pratiquement il n'y a de perfection, ici comme ailleurs, qu'au sens où justement elle satisfait pleinement l'intérêt

1. K § 9a, H VI, p. 23. Voir plus loin « Die [...] sinnlich erfahrbaren [...] Gestalten [...] gehen kontinuierlich ineinander über.» (H 25).
2. K § 9a, H VI, p. 22 ; trad. fr. p. 29. Granel traduit *Schwanken des bloß Typischen* par « oscillation autour du type pur » ; Carr, p. 25 traduit plus justement *bloß Typischen* par « the merely typical ». Il nous paraît qu'il vaut mieux réserver « pur » pour *rein* ou *pur* qui caractérisent les idéalités et les formes exactes ; avec les « simples types », avec « ce qui n'est pas plus qu'un type », on reste justement dans le vague, le fluent et l'impur.

pratique particulièrement recherché » [1]. L'exactitude n'existe pas, elle est un « horizon » toujours repoussé. « L'exact est, dans la vie pratique, déterminé par le but » [2].

Comment atteint-on l'absolument exact de la géométrie ? Il faut aller du réel au possible, il faut faire varier les données de l'intuition, en les déréglant, les bougeant, les étirant et secouant, en imaginant les cas les plus singuliers, les exemples les plus larges, des fictions s'il le faut, jusqu'à ce que se révèle un invariant, une forme stable dans les oscillations, une essence ou un eidos qui s'avère commun à tous les cas que l'on a fait varier. Mais Husserl introduit une distinction énigmatique : les formes géométriques ne se révèlent pas à n'importe quelle variation fictive. L'imagination ne donnera jamais de forme exacte, elle fera toujours passer d'une forme sensible à une forme sensible. Avec l'imagination on reste dans l'inexact, on ne sort pas du vague [3]. Il faut un acte d'une autre nature pour sortir du royaume du vague et entrer dans l'exact. La géométrie n'est pas une œuvre d'imagination.

En creux apparaît ici la rivale de la géométrie : la phénoménologie, la science descriptive des vécus de conscience. Elle aussi se nourrit de fictions et cherche des essences pour décrire des configurations, comme la géométrie [4] ? Mais la phénoménologie n'idéalise pas, elle respecte le vague, et ce qu'elle tire de l'intuition elle en préserve la teneur. Ses

---

1. « Praktisch gibt es wie sonst auch hier ein Vollkommenes schlechthin in dem Sinne, daß das spezielle praktische Interesse dabei eben voll befriedigt ist » (H VI p. 22).

2. H VI, p. 289, trad. fr. Granel, p. 320.

3. « Die Phantasie kann sinnliche Gestalten nur wieder in sinnliche Gestalten verwandeln », H VI, p. 22, trad. fr. Granel, p. 29.

4. On pourrait citer différents passages où phénoménologie et géométrie sont mises en parallèle, par exemple dans les *Idées directrices* de 1913, § 5-7, 61, 94, etc.

essences sont inexactes, et elle s'en fait gloire. Comment se sert-on d'essences inexactes ? C'est une autre affaire.

PLATON ET GALILÉE

Reprenons le cours du récit, du grand mythe que déroule la *Krisis*. Nous sommes géomètres, du moins nous le sommes parfois, si nous le voulons et pour un temps, tant que nous nous intéressons à des contours-limites (*Limesgestalten*), des formes exactes irréelles qui se placent à cheval sur un rayon de lune, au bout du bout de toutes les approximations et de tous les prolongements. La géométrie a montré un chemin, elle a enseigné l'idéalisation, pour remplacer les formes vagues par des formes exactes, pour permettre une libre construction opérative à partir de formes simples. Elle a ouvert un domaine nouveau et illimité, où toute forme pensable peut être obtenue à partir de quelques formes élémentaires, où les propriétés des objets sont parfaitement déterminées, indépendantes des fluctuations subjectives. Nous sommes géomètres, mais cela ne veut pas dire qu'il y a une géométrie, que les objets idéels existent. Cette science a commencé de s'appliquer, dit Husserl, sur terre et dans les astres [1], mais elle n'est d'abord rien de plus qu'un outil au service de buts pratiques. À ce stade la géométrie n'a pas encore son extraordinaire dignité, on peut encore voir l'idéalisation comme un détour efficace.

Husserl fait alors monter sur scène un personnage-clef, Platon. Les idées sont, les formes ont une réalité, plus même que ce que nous croyons réel. Ce monde-ci n'est qu'une copie, un dégradé, il s'interprète à partir de l'autre, du vrai monde. Il

---

1. H VI, p. 26, trad. fr. Granel, p. 33.

faut garder les yeux sur les vraies réalités pour mesurer le degré très faible d'être et de perfection qui a été imparti à notre pauvre réalité d'ici-bas. C'est le début du récit de Husserl : « Pour le platonisme le réel avait une participation (*methexis*) . plus ou moins parfaite à l'idéal »[1].

La géométrie est désormais une science d'objets idéaux. Le texte de la *Krisis* mêle très souvent géométrie et platonisme : la géométrie est platonicienne, platonisante (*platonisierend*), euclidienne-platonicienne. Le récit ne sépare pas Euclide de Platon, la géométrie apparaît comme un rejeton de la philosophie grecque.

Les philosophes ont donc infléchi cet art idéalisant, ou plutôt ils en ont changé le sens, pour en faire une science qui traite de réalités en soi. La géométrie devient l'exercice d'une vision des idées, elle exerce à interpréter, à voir au-delà : derrière le tracé vaguement rectiligne je « vois » la ligne droite parfaite qui appartient à un autre monde. Les choses et les contours sont un double[2] flou, fantomatique, impur, des formes du monde vrai.

Le ressort est l'idée de science, et la géométrie résout, pourrait-on dire, un problème philosophique. Aux yeux de Husserl, c'est parce que les Grecs se sont proposés la tâche considérable de construire une science véritable, une *episteme*, qu'ils ont développé la géométrie. La géométrie en effet satisfait aux exigences les plus hautes du savoir, d'un savoir indépendant des circonstances et des subjectivités, portant sur des objets stables et totalement déterminés. Comme il l'écrit

---

1. H 20 : « Für den Platonismus hatte das Reale eine mehr oder minder vollkommene Methexis am Idealen » (trad. fr. p. 27).

2. Le mot *Gegenbild* sera employé un peu plus loin H, p. 34.

dans le plus précoce des textes rassemblés dans le volume *Krisis*, la mathématique pure – géométrie et arithmétique – a réalisé pour les Grecs une victoire sur le devenir et sur la relativité :

> La science a son origine dans la philosophie grecque avec la découverte de l'idée et de la science exacte qui détermine ses objets par des idées. Elle mène à la création de la mathématique pure, pure science des idées, science d'objets possibles en toute généralité, déterminés par des idées. Elle avait devant elle le problème de l'être comme être réel en soi, comme être en soi face à la variété des modes subjectifs de donnée pour un sujet connaissant chaque fois différent, elle avait devant elle la question de l'écoulement de l'être dans le devenir et la question des conditions de possibilité de l'identité de l'être dans le devenir[1].

Séduisante géométrie

Ce privilège de la mathématique en fait un modèle et un guide, une « magistra » bien dangereuse, pour toute connaissance qui vise l'objectivité. Le drame se noue en une scène construite rhétoriquement comme une scène de séduction (le préambule du § 9). Une question est posée : quel contenu

---

1. « Die Wissenschaft hat ihren Ursprung in der griechischen Philosophie mit der Entdeckung der Idee und der durch Ideen bestimmenden exakten Wissenschaft. Sie führt zur Ausbildung der reinen Mathematik als reiner Ideenwissenschaft, Wissenschaft von möglichen Gegenständen überhaupt als durch Ideen bestimmten. Vor ihr steht das Problem des Seienden als an sich seienden Realen, an sich seiend gegenüber der Mannigfaltigkeit subjektiver Gegebenheitsweisen des jeweiligen erkennenden Subjektes; die Frage nach dem Fluß des Seins im Werden und nach den Bedingungen der Möglichkeit der Identität des Seins im Werden[...] », H VI, p. 279 (Première des « annexes », rédigée avant 1928 ; trad. fr. Granel, p. 309). Nous donnerons ci-dessous un commentaire systématique de cette Annexe I, assez sinueuse et très antérieure à la *Krisis* proprement dite.

donner à notre exigence d'objectivité?, peut-on trouver un monde objectif? Alors quelqu'un propose une réponse, trop rapide, dangereuse, trompeuse : le monde exact et idéal de la science géométrique.

Husserl décrit comment une quête, qui est commune, honnête et normale si l'on peut dire, se trouve dévoyée. Le ressort est notre habituelle montée en direction du plus objectif, notre désir de réalité et notre croyance en un monde stable par delà toutes les corrections d'apparence :

> Dans l'expérience sensible quotidienne, le monde est donné préscientifiquement de manière subjective et relative. Chacun de nous a ses apparences, et pour chacun elles ont la valeur d'un être réel (*gelten als das wirklich Seiende*). Que nos valeurs d'être soient discordantes, nous en avons conscience depuis longtemps dans nos relations (*Verkehr*) avec autrui. Nous ne pensons pas pour autant qu'il y aurait plusieurs mondes. Nécessairement nous avons foi en un monde unique (*notwendig glauben wir an die Welt*), avec des choses qui sont les mêmes pour tous bien qu'elles nous apparaissent diversement[1].

Jusqu'ici on ne fait que décrire ce qui se passe quotidiennement et pour tout homme : l'élaboration et l'enrichissement de l'expérience privée, qui, guidée par une exigence d'objectivité, se confronte à l'expérience d'autrui, sur fond de la croyance en un monde commun. Nous savons bien que nos vues sont partielles, nos saisies corrigibles, mais avons-nous pour autant une idée, par avance, de ce que sont les objets « en eux-mêmes » ? Si l'on tient à donner à cette objectivité partagée un fonds substantiel, un « contenu », la quête est plus difficile :

---

1. H VI, p. 20, trad. fr. Granel, p. 27-28.

Ne possédons-nous rien de plus que cette idée, nécessaire mais vide, qu'il y a des choses qui sont objectivement et en soi ? N'y a-t-il pas, dans les apparences elles-mêmes, une teneur (*Gehalt*) que nous pourrions attribuer à la Nature véritable [1] ?

Alors brille, aux confins de notre pauvre monde subjectif-relatif, toujours en voie de correction, la belle stabilité et exactitude de la géométrie. Et c'est alors que le serpent parle : regarde la géométrie, comme elle est séduisante et objective !

À une objectivité de cette sorte appartient bien pourtant (*Dahin gehört doch*) tout ce que la géométrie pure et en général les mathématiques de la pure forme spatio-temporelle enseignent, dans l'évidence d'une validité absolue et universelle, à propos des configurations (*Gestalten*) pures qu'elles peuvent construire idéalement – je ne fais que décrire, sans prendre position, le « ça-va-de-soi » (« *Selbstverständlichkeit* ») qui motive la pensée de Galilée [2].

Voilà comment Galilée « est conduit à l'idée d'une physique » [3] qui généralise et radicalise le mode de pensée de la géométrie. En géométrie on maîtrise d'avance toutes les formes à partir d'un stock de formes élémentaires, désormais ce sont tous les objets et les évènements du monde naturel qui sont conçus comme dominés par avance, comme entièrement soumis au maillage des idéalités – un maillage avec des approximations infinies. Il s'agit d'une décision ou d'un pari, jamais l'expérience ne peut justifier complètement une telle audace.

---

1. H VI, p. 20-21, trad. fr. Granel, p. 28.
2. H VI, p. 21, trad. fr. Granel, p. 28 (voir l'excellente traduction de Carr, p. 23-24).
3. H VI, p. 27, trad. fr. Granel, p. 34.

La « substruction »

En supposant que le monde en sa totalité et jusque dans
ses particularités les plus cachées, les plus infimes, est
mathématique, Galilée effectue une substitution d'objet :

> il est de la plus haute importance que nous prenions garde à une
> substitution frauduleuse (*Unterschiebung*), qui s'accomplit
> déjà avec Galilée, et qui met le monde mathématique des
> idéalités, grâce à une substruction, à la place de l'unique monde
> effectif, le monde effectivement donné dans la perception,
> celui qui est pour nous chaque fois expérimenté et expérimen-
> table, notre monde vécu quotidien [1].

Selon Platon le réel ne faisait que participer à l'idéal,
désormais il n'y a plus cette distance de principe, qui
permettait des applications et maintenait une matière comme
un en soi inaccessible. La nature est de part en part idéalité.

Du moins si l'on accepte l'introduction subreptice d'infinités, comme dans la mesure exacte des grandeurs irrégulières.
Il faut farcir un peu partout avec de l'infini si l'on veut traiter le
monde réel comme un tissu mathématique. Entre les principes
abstraits de la nouvelle physique et la réalité, entre les
situations simplifiées qu'elle se donne pour point de départ
(mouvements rectilignes dans le vide, sphères parfaites, etc.)
et les situations empiriquement constatables, il faut insérer
une infinité d'étapes d'approximations. Le principe d'inertie
déclare qu'un corps livré à lui-même ira en ligne droite à
vitesse constante : cela est définitivement hors de toute consta-

---

1. H VI, p. 48-49, trad. fr. Granel, p. 57. Nous traduisons un peu lourdement
Unterschiebung par « substitution frauduleuse » et un peu légèrement *Lebenswelt* par « monde vécu ». Les nuances de *Lebenswelt* sont difficiles à cerner ;
plus loin il sera indispensable de traduire par « monde de la vie », dans la mesure
où il s'agit effectivement d'une vie transcendantale s'écoulant et œuvrant ; pour
le moment « monde vécu » suffit à rendre l'opposition ave le monde exact.

tation expérimentale, mais on peut faire le raccord avec les observations en acceptant des approximations, des abstractions contrôlées, en supposant des situations idéales de plus en plus composées qui rejoignent à l'infini la situation réelle[1]. Le phénomène concret est rejoint comme une idéalité très composite, une abstraction d'un niveau de complexité très élevée, comme un échafaudage de situations idéales de plus en plus enchevêtrées. Le concret est au bout d'une suite d'enrichissements formels infinis, le concret est de l'abstrait infiniment composite.

L'individuel est traité comme un exemple[2]. De même qu'en géométrie le contour vaguement rond est « vu comme » un cas un peu bâtard de cercle, implicitement corrigé et aperçu comme cercle, en « oubliant » ses aspérités, de même la chute d'un corps est saisie comme cas particulier imparfait d'une situation essentielle et simple (une chute en général d'un corps parfaitement connu et déterminé).

C'est la charte de la nouvelle physique mathématique, que par exemple d'Alembert reprend dans le préambule des *Réflexions sur la cause générale des vents* de 1747. On saisira un phénomène en le réduisant d'abord à un schéma simplifié, une situation la plus pure et abstraite possible, puis en enrichissant méthodiquement, par étapes, pour récupérer, autant que possible, la complexité du phénomène[3]. Newton procède

---

1. Pour Cassirer l'essentiel de la méthode galiléenne est dans le procédé de *resolutio-compositio*. Husserl semble adhérer implicitement à la même idée, en insistant sur le besoin d'une infinité d'étapes dans l'analyse et la recomposition (selon le modèle de la mesure qui épuise une grandeur irrégulière).

2. H VI, p. 40, trad. fr. Granel, p. 48.

3. Dans ses *Réflexions* sur les vents, d'Alembert tente de restituer par étapes le comportement d'un vent régulier qui serait causé par les marées atmosphériques ; mais il renonce consciemment à tenir compte d'un paramètre trop rebelle, la chaleur – et du coup les vents réels lui échappent. La préface

ainsi dans les *Principia* : d'abord un seul point immobile comme centre de forces et un seul mobile ponctuel attiré dans un espace vide, puis plusieurs centres de forces, puis un corps attractif doté de volume, puis un milieu résistant, etc. Les degrés de complexité sont consciemment et méthodiquement hiérarchisés, jusqu'à rejoindre, s'il était possible, la situation réelle.

Galilée est-il ici plus qu'un prête-nom? Husserl est conscient de la simplification historique, et parfois il mêle des éléments non galiléens, comme la *res extensa* de Descartes, mais c'est Galilée qui est à ses yeux le fondateur. Les théories philosophiques, les créations mathématiques, les observations nouvelles, qui sont l'œuvre commune de Kepler, Galilée, Descartes, Huygens, Boyle, Newton et bien d'autres, tout cela est rassemblé sous l'invocation de Galilée. Si l'on cherche dans la *Krisis* plus de détails sur l'apport de Galilée, la moisson est maigre, on peut simplement supposer que Husserl se réfère à une vulgate galiléenne qui inclut :

– la loi d'accélération des corps en chute ;
– la trajectoire parabolique des projectiles ;
– le principe d'inertie ;
– la thèse que la Nature est écrite en langage mathématique ;
– la réduction des qualités secondes à des phénomène subjectifs.

Un passage de l'appendice XIV sur l'empirisme ajoute un élément pittoresque, à propos des montagnes de la Lune, qui

de ces *Reflexions* est un remarquable exposé de la méthode en physique mathématique.

pour Husserl sont le modèle de ces réalités inférées par la
science nouvelle, mais dont nous n'aurons jamais l'expérience
directe : le monde supposé par Galilée diffère du monde vécu
parce qu'il est impossible à atteindre par une expérience
directe, tout comme

> les montagnes et les rochers sur la Lune, lesquels malgré
> tous les télescopes ne deviennent pas et ne deviendront
> jamais les objets d'une expérience proche (*Naherfahrung*)
> effectivement démontrable (*aufweisbar*) [...] [1].

La nature de Galilée est une construction, une idéalité,
comme les objets de la géométrie, mais à un degré supérieur.
Entre sa nature exacte, mathématisée, et le monde de l'expérience effective, il y a une relation analogue à celle qui relie la
droite parfaite et les tracés plus ou moins rectilignes, mais la
distance est encore beaucoup plus grande, parce qu'il faut ici
supposer la réussite des théories, il faut se placer à la fin de
toutes les confirmations scientifiques :

> la science [...] donne une « représentation » toujours meilleure
> de ce qu'est la « vraie nature ». Mais la vraie nature n'est pas
> située à l'infini comme la pure ligne droite, si c'est un pôle
> infiniment éloigné, c'est en tant qu'infinité de théories, et
> pensable seulement comme confirmation, donc rapportée à un
> processus historique infini d'approximation [2].

Finalement Galilée est métaphysicien, il a posé une entité
qui échappe par principe à toute expérience. La nature dont
il parle est un être qui ne sera jamais éprouvé, un être

---

1. H VI, p. 449, trad. fr. Granel, p. 496.
2. H VI, p. 41-42, trad. fr. Granel, p. 49 (Granel a supposé que l'infini en
question est celui où va la ligne droite ; la ligne droite est à l'infini, nous semble-
t-il, parce qu'elle est le terme d'approximations toujours meilleures de la forme
empirique).

« métaphysiquement transcendant »[1]. Jamais on ne vérifiera que la Nature est mathématique dans son essence même, on peut seulement avancer des prédictions sur la régularité des phénomènes, et s'apercevoir que souvent on parvient à trouver des prédictions qui réussissent. Mais ce succès ne transforme pas l'hypothèse en vérité. La Nature exacte posée par Galilée est une super-induction, le fondement de toutes les inductions possibles (Husserl parle d'une « hypothèse d'hypothèses ») dont la vérification est exclue par principe.

Les « pleins » et la mathématisation indirecte

Pour passer de la géométrie à la science de la nature, il faut mathématiser plus que les formes, il faut aller jusqu'à une saisie mathématique de la « matière » du monde. De quoi est faite la matière du monde ? Husserl n'emploie ce mot de matière qu'avec réticence, il varie les équivalents, il met des guillemets, il cherche la métaphore : étoffe ou tissu, plein, contenu concret, teneur qualitative. Il faut pourtant bien un mot pour désigner ce qui échappe à la forme, ce que la géométrie n'a pas encore réussi à capter et à réduire.

On devrait procéder à une enquête phénoménologique de soustraction : si on retire la forme, que reste-t-il ? C'est un exercice étrange, une abstraction à l'envers (*Gegenabstraktion*)[2]. L'abstraction qui conduit à la géométrie néglige, oublie, ne tient pas compte de … Dans le processus de passage aux formes, on fait comme si certains « aspects » ou « éléments » ne comptaient pas. La boule devient sphère si l'on

---

1. H VI, p. 131 (§ 34 d), trad. fr. Granel, p. 146.
2. H VI, p. 32, trad. fr. Granel, p. 40.

oublie tout sauf le contour sphérique (que l'on a remplacé par sa forme-limite parfaite). Mais qu'a-t-on précisément oublié? Quel est ce tout-sauf-la-forme, ce tout qui fait la richesse ou la substance des choses? Nous pratiquons ici de la phénoménologie, pas de la métaphysique, nous ne parlerons pas de la matière qui pourrait réellement subsister sous les formes, de la matière qu'un dieu ou un démiurge aurait pu pétrir et « informer ». La matière phénoménologique, ce seront ici des qualités sensibles, celles qui sont corrélatives et inverses des qualités de forme : couleur, chaleur, bruit [1].

Le terme que choisit en général Husserl au long du texte du § 9 est : « plein », *Fülle* [2]. La matière sensible est le « plein » de la forme, comme si la couleur, la chaleur, le bruit, venaient combler les interstices d'un maillage, emplir les vides d'un squelette.

Husserl s'était déjà posé la question des pleins dans le cours de 1907 *Chose et espace*, au moment de tenter la description fidèle des différents champs sensoriels, avec leurs manières diverses d'occuper l'étendue – non pas l'étendue géométrisée de Descartes, mais l'étendue concrète de nos gestes, de nos regards, de nos affects répartis sur un certain empan ou une certaine largeur sensorielle, chacun contribuant à sa manière à la réalité de la chose dans l'espace. Dans *Chose*

---

1. H VI, p. 27, trad. fr. Granel, p. 35. Si on additionne tous les exemples : *Farbe, Ton, Wärme, Schwere, Geruch* (H VI, p. 27 et 35).

2. « Konkret sind uns, zunächst in der empirischen sinnlichen Anschauung, die wirklichen und möglichen empirischen Gestalten bloß als "Formen' einer' Materie", einer sinnlichen Fülle gegeben », H VI, p. 27, trad. fr. Granel, p. 35. (Granel emploie parfois « pleins », parfois « remplissements », pour le même mot allemand *Fülle*).

et espace (§ 22)[1], *Fülle* est déjà le nom que reçoit l'extension de qualités de la chose. Il y a des pleins visuels, des pleins tactiles, qui sont premiers et fondamentaux par rapport aux autres pleins annexes, comme l'odeur, le goût ou même la douleur – qui doit bien elle aussi avoir une certaine ampleur de déploiement, occuper une certaine extension, énigmatiquement. Un des problèmes difficiles de la constitution de l'espace vécu est de comprendre comment le tactile et le visuel emplissent le « même » espace, où viendront se loger également les autres pleins[2].

Sauver tout le sensible

Dans le texte de la *Krisis*, la question n'est pas celle de la constitution de l'espace, mais des conditions d'émergence de la science galiléenne. Les pleins représentent l'étape postérieure à la saisie géométrique des formes. Avec la géométrie platonisante on a appris à jouer avec les formes idéales, à les engendrer indéfiniment, à en parler avec nécessité, puis on a appris à rejoindre les contours flous du monde à l'aide de

---

1. Les *Füllen* de *Chose et espace* sont beaucoup plus générales que celles de la *Krisis*, elles comprennent aussi bien l'extension colorée ou tactile, dans la mesure où il n'y a pas à ce stade de différence entre les formes mathématisables et les qualités « primaires ».

2. Dans *Ideen II* (§ 19 b, H IV, p. 37, trad. fr. Escoubas, p. 67), *Fülle* est employé dans un sens légèrement différent : il s'agit de la charpente fondamentale (*Grundgerüst*) des choses, qui inclut une certaine spatialité avec un « plein » qualitatif comme de la couleur ; mais un plein de cette sorte ne suffit pas à faire une chose, un plein n'est pas encore matériel : « erfüllter Raumkörper (qualifizierter Körper) durch die sie extendierende qualitative Fülle noch nicht so viel wie ein Ding ist, ein Ding im gewöhnlichen Sinne eines materiellen Realen ». Par exemple un arc-en-ciel a bien une spatialité avec du plein, mais ce n'est pas encore une chose dotée de matérialité. En somme, dans *Ideen II*, contrairement à ce qui vaut pour la *Krisis*, *Fülle* est loin d'être équivalent à *Materie*.

formes exactes indéfiniment itérées et raffinées. Il reste tout ce qui est entre les formes : une science platonisante peut-elle « sauver », récupérer, réduire, les pleins qui constituent la substance ou la chair du monde, par opposition à son squelette ? Une science peut-elle laisser échapper la matière ?

L'inquiétude, l'exigence directrice, c'est la quête d'objectivité. Avec Galilée – le Galilée imaginé par Husserl et les néokantiens –, la mathématisation doit être totale, sans reste, pour que la réalité entière du monde accède à l'objectivité. Il faut sauver même les couleurs ou les parfums, sinon nous perdrons quelque chose du réel, nous abandonnerons des pans entiers de l'expérience au flottement subjectif des impressions :

> La difficulté ici est la suivante : les pleins matériels qui complètent concrètement les aspects de figure spatio-temporels du monde des corps – c'est-à-dire les qualités sensibles spécifiques – ne peuvent être traités directement, avec leurs gradualités propres, comme les figures elles-mêmes. Il faut bien admettre pourtant que ces qualités, elles aussi, et avec elles tout ce qui fait la concrétion du monde que nous intuitionnons par les sens, aient une validité et qu'elles annoncent quelque chose d'un monde « objectif ». Ou plutôt il faut que leur validité soit préservée (*in Geltung bleiben*). Car la certitude qui nous réunit tous, qu'il n'y a qu'un seul et même monde, la réalité existant en soi (selon le mode de pensée qui motive la physique moderne), cette certitude doit courir sans interruption à travers toutes les fluctuations des saisies subjectives ; tous les aspects que nous expérimentons dans l'intuition doivent annoncer quelque chose de cette réalité en soi. Ces aspects-là, comme les qualités sensibles, ont été éliminés par abstraction (*wegabstrahiert*) dans la pure mathématique de la forme spatio-temporelle avec toutes ses figures particulières possibles, et la réalité en soi ne sera accessible à notre connaissance objective

que lorsque ces aspects, qui ne sont pas directement mathématisables, seront devenus mathématisables indirectement [1].

Si l'on cherche à mathématiser tout le contenu de l'intuition sensible, sans reste, il faut décider comment on traduira en
idéalités mathématiques des qualités aussi fuyantes et subjectives que la chaleur ou le parfum. Les pleins des objets ne
sont pas directement mathématisables. Pourquoi? Voici la
raison : il y a des formes-limites, il n'y a pas de matière-limite,
pas de perfection idéalisable du bleu ou du chaud [2]. Le traitement des qualités comme le chaud ou le bleu ne peut s'appuyer
sur une pratique des étalons et des patrons, que l'on pourrait
comme en géométrie décoller du sensible, superposer, combiner, symboliser en des jeux de signes sur lesquels on se
permettra d'opérer.

La mesure des qualités

Pour comprendre ce que Husserl affirme, nous devons
défaire toutes sortes de pseudo-évidences, d'habitudes techniques et quotidiennes : il n'y a pas de mesure du bleu, en tous
cas du bleu comme bleu, pas de mesure du chaud, sinon indirectement. Qu'est-ce que mesurer de la chaleur, en énonçant
une température? Précisons les opérations techniques ou
intellectuelles qui permettent l'énonciation d'une température. On a besoin d'un petit réservoir en communication
avec le grand réservoir à mesurer; il faut que le grand réservoir
soit à l'équilibre, sinon la notion de température n'a aucun
sens; il faut que le petit réservoir soit assez petit pour ne

---

1. H VI, p. 31-32, trad. fr. Granel, p. 39. Nous traduisons *Momente* par
« aspects ».
2. « Die Limesgestalten dieser Qualitäten sind nicht im analogen Sinne
idealisierbar », H VI, p. 33, trad. fr. Granel, p. 41.

pas changer les conditions dans le grand réservoir; le petit réservoir est empli d'un liquide ou d'un gaz qui se dilate notablement avec la chaleur, et on suppose que l'on a pu déterminer deux états bien définis du petit réservoir, assez indépendants des circonstances (comme l'état de l'eau à la limite de l'évaporation et celui de l'eau à la limite de la glaciation); il reste à graduer, linéairement si on veut, les parois du petit réservoir en espérant que ces graduations auront un sens indépendant des circonstances, et on pourra lire un signe ou un nombre sur les graduations du petit réservoir. Ce nombre est de convention, il ne représente aucune quantité, on l'appellera température.

Les médiévaux ont beaucoup spéculé sur ces qualités non quantitatives. Pierre Lombard, dans son livre des *Sentences*, qui a servi pendant des siècles de manuel de théologie chrétienne, avait demandé comment Elie pouvait promettre à son disciple Elisée la moitié de son héritage prophétique[1]. Quelle est la mesure de l'esprit, la mesure de la charité? Y a-t-il une charité deux fois plus grande, une blancheur deux fois plus blanche? Les commentateurs de Pierre Lombard – et ils sont légion, puisque tout maître en théologie devait commenter ce livre – ont glosé ce passage, parfois sur des centaines de pages (comme Jean de Ripa), en généralisant à d'autres qualités. La question avait des attaches avec l'ontologie : peut-on admettre que le blanc et le noir sont des absolus auxquels participent les nuances de gris, et de même pour le lourd ou le léger, le chaud et le froid, le lent et le rapide, qui seraient des fragments ou des degrés d'un être absolu, ou des fractions intermédiaires entre deux termes opposés? On a aussi tenté, comme Oresme, de quantifier ces qualités, en les représentant visuellement sur un

---

1. P. Lombard, *Livre des sentences*, I, distinction XVII.

diagramme où la base est le support matériel étendu de la qualité, et les segments verticaux représentent les « degrés » de la qualité (chaleur, blancheur, charité, vitesse) rapportée à une unité choisie par convention. Ces jeux formels sont restés, pour l'essentiel, sans portée et sans fécondité [1].

Mathématiser par association

Le génie de Galilée, aux yeux de Husserl, est d'avoir réussi cette transmutation si difficile, d'avoir mathématisé les pleins du monde sensible. Cela n'était possible qu'indirectement. Depuis Pythagore on avait observé que les longueurs de cordes semblent varier parallèlement aux sons, on disposait de quelque autres correspondances que l'on pouvait mettre à profit pour marier une qualité avec une quantité. Galilée, après avoir affirmé que la nature devait être de part en part mathématique, s'est proposé de rechercher systématiquement de telles correspondances. Les couleurs ont été associées à des longueurs d'onde de vibrations, les chaleurs à des mouvements internes, etc. De proche en proche la variété des qualités s'est transposée en jeu de quantités.

C'est une mathématisation indirecte, une *Mitmathematisierung*, une mathématisation par association. La substruction idéalisante exige plus de détours dans le cas des pleins sensibles. On élabore une sorte de dictionnaire, chaque qualité

---

1. Il faudrait ici nuancer et discuter par exemple la tradition de la « Règle de Merton » (« une qualité qui varie uniformément entre le degré nul et un degré extrême, donne le même résultat global que la même qualité constante fixée au degré moitié du degré maximal »). On ne sait si et comment Galilée, qui énonce ce théorème comme théorème I du mouvement accéléré (la qualité est alors la vitesse) a eu connaissance de la Règle de Merton.

ayant son double (*Gegenbild*)[1] dans le royaume des formes :
son = vibration, chaleur = mouvement d'un milieu, etc…

Husserl est particulièrement rapide et allusif à propos des
procédés de mathématisation indirecte. Dès lors que l'on a
décidé qu'il régnait une causalité exacte universelle, il reste
trouver « chaque fois concrètement »[2] et d'une manière
déterminée les moyens d'associer à un phénomène une autre
variation quantifiable. Une longue phrase évoque les ressources d'ingéniosité que le savant doit déployer pour ramener les
pleins aux formes, pour deviner à chaque fois comment un
phénomène pourrait être indirectement réduit à des lois
mathématiques :

> maintenant comment procéder ici effectivement, comment
> régler méthodiquement le travail en restant à l'intérieur du
> monde sensible, comment rendre compte causalement des
> données corporelles factuellement saisissables […], comment
> il faut découvrir les infinités cachées […], comment se
> produisent dans la sphère des formes […] des indications
> toujours plus parfaites pour les pleins qualitatifs, comment les
> corps deviennent déterminables dans des approximations selon
> tout ce qui peut leur arriver idéalement, tout cela est l'affaire de
> la physique découvrante[3].

Husserl est assez désinvolte, il écarte négligemment le
détail du travail concret du physicien, qui a charge d'amener
un phénomène à un état de « mathématisabilité ». Galilée a
proposé une sorte de vaste programme de saisie mathématisante indirecte, il n'y a plus qu'à chercher les moyens. Toute
la richesse de la pensée physique, cosmologique, chimique,

1. H VI, p. 34, trad. fr. Granel, p. 42.
2. H VI, p. 39, trad. fr. Granel, p. 46.
3. H VI, p. 39, trad. fr. Granel, p. 46-47.

dynamique, des siècles qui ont suivi Galilée, est réduite à une ingéniosité sans bornes et sans principe. En particulier les « modèles » dont se servaient les philosophes ou physiciens, tous les êtres « supposés », très petits, ou très ténus, ou très fluides, dont ils dissertaient dans leurs traités ou dont ils calculaient les propriétés hypothétiques, tout cela n'intéresse pas Husserl. Atomes, matière subtile, matière céleste, particules cannelées ou poreuses, molécules crochues, tourbillons d'éther, esprits animaux, tout le bric à brac de réalités insensibles que Galilée, Descartes, Boyle, Huygens, Hooke, Newton, ont supposé pour donner corps à leurs explications, Husserl n'y voit sans doute que des adjuvants, des béquilles temporaires pour soutenir une entreprise de prédiction inductive, à travers la recherche indirecte de causes ou de correspondances fonctionnelles. Pourtant le « mécanisme » n'était pas seulement un credo métaphysique, Boyle ou Huygens ont cru à leurs particules insensibles, ils en ont fait la substance du monde, et ils espéraient que des expériences plus raffinées permettraient de les amener progressivement à la lumière de l'expérience directe. Pour Husserl, peu importe, ces êtres de fiction ont servi provisoirement à l'essentiel : la prédiction inductive.

INDUCTION ET CONTINGENCE

Il n'y a pas de loi de la nature. C'est ce qu'affirmait le jeune Husserl en 1887, un peu provocateur, dans la première ligne de philosophie qu'il ait publiée :

Jedes Naturgesetz ist eine Hypothese, «une loi de la nature n'est jamais qu'une hypothèse »[1].

C'est la première des huit thèses que le jeune doctorant proposait à la discussion publique, afin d'obtenir son diplôme. Une thèse académique de ce genre est forcément un peu excessive, pour les besoins de la «disputatio», c'est une proposition hardie propre à nourrir une intéressante polémique. Pourtant l'inspiration empiriste, héritée de la lecture fervente de Hume parmi les disciples de Brentano, est restée une constante dans l'œuvre de Husserl. Parfois, plus tard, Husserl s'est laissé aller, il s'est exprimé comme s'il y avait des lois à proprement parler dans la nature; mais si l'on veut comprendre la *Krisis*, il faut accepter ce soupçon, entrer dans ce doute sur la légalité naturelle. Rien ne nous permet de croire par avance qu'il y a un ordre de la nature physique[2], que le monde est bien réglé, que les paris inductifs seront gagnés.

On ne peut pas s'empêcher de parier tout le temps, c'est la vie même – Hume appelait cela *custom* et *belief*. Dans la vie courante nous parions continuellement, nous anticipons :

« C'est sur la prévision, ou pourrions-nous dire : sur l'induction, que repose toute vie »[3]. La perception est un jeu

1. Première des huit thèses soutenues par Husserl pour sa Disputatio de Doctorat le 1er juillet 1887 à l'Université de Halle (reproduites dans H XII, p. 339). La thèse n°5 correspond à la Dissertation « Sur le concept de nombre » : « Au sens propre on peut à peine compter au-delà de trois ». La thèse n°2 porte sur les géométries non-euclidiennes : « Lorsque Helmholtz affirme l'intuitionnabilité des formes spatiales non-euclidiennes, il altère l'essence même du concept d'intuition ».

2. Il faudrait rapprocher ces paragraphes de la *Krisis* du passage des *Ideen* sur la destruction du monde, sur la « destruction en pensée de l'objectivité des choses». Rien ne garantit, apodictiquement, que le monde se prête à des déterminations mathématiques ou physiques (§ 47, H III, p. 110-111).

3. « Auf Vorraussicht, wir können dafür sagen, auf Induktion, beruht alles Leben. », H VI, p. 51, trad. fr. Granel, p. 59.

continuel d'attente et de confirmations ou de déceptions, nous devinons et prédessinons la face arrière de l'objet que nous voyons, nous supputons que la chose perçue se conformera au type que nous avons discerné en vertu d'une familiarité ancienne. Il y a toujours plus dans la perception que ce que nous percevons effectivement, «les choses "vues" sont toujours déjà plus que ce que nous voyons d'elles "effectivement et proprement" »[1].

Galilée nous a appris à parier autrement. Comment est-on passé de l'induction quotidienne à l'induction méthodique des sciences[2]? Il y a deux différences : l'induction quotidienne est « sans art »[3], non appareillée par la technique idéalisante de prédiction; l'induction quotidienne est hasardeuse et naïve, non garantie, alors que l'induction savante de la physique mathématique est d'avance assurée, grâce à « l'inductivité universelle » qui règne dans le monde galiléen[4].

Il y a un pari de Galilée, si l'on en croit Husserl, qui va au-delà de tous les paris, c'est le pari suprême : que tous nos paris réussiront, que la Nature se prête à nos inductions parce qu'elle est mathématique dans son essence même. Nous ne savons pas d'avance comment il faut faire la bonne induction, nous devons chaque fois tâtonner avant de trouver la « formule », mais nous savons d'avance qu'il y a une formule. Y compris et surtout dans les phénomènes non extensifs, comme des chaleurs, des poids.

---

1. « Die "gesehenen" Dinge sind immer schon mehr als was wir von ihnen "wirklich und eigentlich" sehen », *Ibid.* Le *mehr* de Husserl correspond assez bien au *beyond* de Hume.
2. Husserl oppose *alltägliche Induktion* et *Induktion nach wissenschaftlicher Methode*, H VI, p. 50, trad. fr. Granel, p. 58.
3. *Kunstlos*, H VI, p. 51, trad. fr. Granel, p. 59.
4. « Eine allgemeine Hypothese : daß eine universale Induktivität in der anschaulichen Welt herrsche », H VI, p. 38, trad. fr. Granel, p. 45.

Pouvons-nous appeler cela de la causalité? Le modèle est l'illumination qui a saisi Pythagore quand il a compris le parallélisme entre les notes de musique et la longueur des cordes de l'instrument. Il a associé à un phénomène purement qualitatif, dont le comportement nous échappe, une quantité mesurable, dont la variation est précisément calculable et prédictible, réductible à une formule. De telles formules pour deviner et prédire, nous en trouverons lorsque nous aurons repéré à chaque fois une correspondance fonctionnelle, que nous saurons associer de manière réglée une variation quantitative avec le phénomène qui nous intéresse. On peut espérer, par essais et erreurs, maîtriser et prédire – indirectement – ce qui arrive à des couleurs, des poids, des parfums, des duretés.

Il serait abusif d'appeler causalité notre arsenal de correspondances fonctionnelles. Husserl passe assez librement dans le texte d'inductivité à causalité, mais il est clair que le mot cause est trop fort pour ce jeu de devinettes sur des régularités obtenues par associations. La géométrie était déjà à distance du sensible, séparée des contours réels par un fossé d'infinités. L'art d'induire lancé par Galilée est encore plus irresponsable, plus à la surface des choses.

Ainsi est mathématisé le royaume des qualités et phénomènes sensibles. Husserl appelle cela une co-mathématisation, *Mitmathematisieren*, mathématisation par association. On ne mathématise le phénomène que via un autre phénomène maîtrisable, on marie des phénomènes, pour voir, jusqu'à ce qu'on tombe sur des « lois » qui permettent de prédire.

Finalement toute qualité sensible, avec ses variations et altérations, doit avoir son « double » dans le royaume des formes exactes. Toute qualité est reliée à une forme exacte par un lien d'association, que Husserl appelle un « renvoi », une

« indexation » ou « indication » : le son indique une vibration, le chaud indique une « onde calorifique »[1].

Deux mathématiques ?

La géométrie, dit Husserl, a montré le chemin[2], elle a donné l'envie et l'idée d'une deuxième mathématisation, qui porte cette fois non sur les formes, mais sur les pleins et leurs altérations prévisibles. Après la mesure exacte des continus, avec leur traitement idéel dans la déduction euclidienne, serait venu le temps de la prévision des vitesses, des chaleurs, des duretés. En réalité cette division des deux mathématisations est trompeuse et engendre de graves malentendus. Il n'y a pas d'un côté une mathématique des formes, qui décrirait *a priori* le monde sensible – la géométrie d'Euclide – et d'un autre côté une mathématique des pleins qui décrirait les évolutions des phénomènes – théorie des forces, des champs, des états des corps, etc. Kant a sacralisé cette différence, en plaçant d'un côté la forme spatiale, dominée *a priori* par la géométrie euclidienne, et d'un autre les raisonnements de cause, de substance, d'interaction, etc. régis inductivement par une mathématique comme celle de Newton.

L'erreur gît au point de départ : la géométrie, en tant que théorie mathématique (ou plutôt, au pluriel, en tant que

---

1. H VI, p. 35, trad. fr. Granel, p. 43. Husserl prête ici beaucoup à Galilée : certes Galilée affirme qu'en principe la chaleur ou l'odeur doivent se réduire à du mouvement de particules, mais il ne donne pas de théorie causale ou prédictive à ce sujet. Les seuls phénomènes intensifs (c'est à dire non directement quantifiables) que Galilée traite inductivement, c'est la vitesse et le poids. Peut-être faudrait-il inclure le cas de la dureté ou de la cohésion, qu'il a cherché à mesurer et traiter inductivement dans la première de ses deux « sciences nouvelles », la théorie de la « résistance des corps à la rupture » (*Discorsi*, Deuxième Journée).

2. H VI, p. 30, trad. fr. Granel, p. 37.

théories mathématiques) est certaine et nécessaire en elle-même, mais dès lors qu'on veut l'appliquer au monde réel et sensible, elle devient une théorie inductive. Comment être certain que les formes des objets réels de ce monde-ci sont justiciables de tel système de géométrie? Il faut procéder inductivement, vérifier empiriquement l'ajustement entre la théorie abstraite et les comportements des corps dans le monde de l'expérience. Si Euclide parle de notre monde sensible, alors il n'est pas plus vrai, pas autrement vrai, que Newton.

C'est le sens de ce passage cryptique de la fin du § 9 de la *Krisis*[1] dans lequel Husserl reproche à Kant d'avoir imaginé « deux sortes de mathématiques » (*zweierlei Mathematik*) : une mathématique apriorique des formes spatio-temporelles (la géométrie) et une mathématique inductive qui serait la science de la nature. La distinction illusoire a donné naissance à ce monstre qu'est le jugement synthétique *a priori*, avec une distinction infondée entre les jugements de la mathématique pure et ceux de la science de la nature[2].

Il n'y a pas deux sortes de mathématiques de la nature, l'une pour décrire avec sûreté les formes, l'autre pour calculer en tâtonnant comment les pleins évoluent, une première mathématique du squelette et une deuxième des muscles et des nerfs. Quand vous mettez sur pied un calcul pour voir, un calcul qui peut-être marchera et permettra de deviner un lien causal, les kantiens disent : vous n'agissez pas comme le géomètre qui décrit *a priori* les configurations du monde, cette géométrie si nécessaire que nous la nommons « innée » (*eingeboren*)[3]. Certes dans les deux cas il faut peiner, suer, cheminer

---

1. H VI, p. 54-56, trad. fr. Granel, p. 63-65.
2. H VI, p. 56, trad. fr. Granel, p. 65.
3. H VI, p. 55, trad. fr. Granel, p. 64.

pour connaître une vérité qui n'apparaît qu'au terme d'un enchaînement. Un Dieu connaît directement les vérités géométriques, nous devons les découvrir par un *Prozess*; mais cette découverte n'entame pas la nécessité de la proposition, la vérité géométrique est offerte, quelque part, et dit la vérité du monde sensible – prétendent les kantiens. Pour l'autre mathématique, celle de l'induction causale, l'ajustement même n'est pas garanti, on ne sait pas d'avance si et comment le calcul s'adaptera.

Le malentendu kantien vient de ce qu'on s'est trompé sur le statut de la géométrie. On a cru qu'il n'y avait qu'une géométrie, une vraie, et qu'elle décrivait le monde sensible. Si on admet que la géométrie est une discipline mathématique totalement abstraite et arbitraire, une libre construction de structures ou de « multiplicités », et que nous devons, prudemment, inductivement, vérifier si telle structure s'adapte au réel, la distinction disparaît. Les lois causales des forces ou des chaleurs ne sont pas plus inductives ou incertaines que la géométrie. Non qu'une géométrie soit incertaine. Ce qui est incertain, c'est si elle s'adapte et dit quelque chose de notre monde de l'expérience.

Un physicien théoricien d'aujourd'hui qui lirait ces lignes de Husserl serait émerveillé de leur audace et de leur lucidité. Pourquoi séparer le cadre géométrique des lois de champ? L'une comme l'autre ne sont pas données d'avance, et elles sont inséparables. Se donner une loi de champ, c'est aussi se donner un nombre de dimensions, des conditions de continuité, de différentiabilité, une courbure, etc. Le spatio-temporel n'est pas préalable, il doit être construit avec les forces et la matière.

LE RÈGNE DU CALCUL

Toute cette histoire finit par du calcul. La décision métaphysique de Galilée n'aurait aucune portée si elle n'avait déclenché une recherche passionnée de correspondances fonctionnelles. Et à leur tour les divinations de mathématisation indirecte, si inventives, si audacieuses, ne sont rien si elles ne mènent à des formules et des prédictions. C'est tout ce qui intéresse le savant, au bout du compte. On peut être indifférent aux débats métaphysiques sur le monde exact, on peut écarter négligemment ces niaiseries de platonisme, on peut sourire des atomes, des particules cannelées, de l'action à distance, l'essentiel est la science qui marche, qui découvre, qui prédit. Elle ne découvre pas des connaissances, elle découvre des formules. Galilée n'a été qu'un catalyseur, son platonisme est l'échafaudage provisoire d'un édifice autrement sérieux et solide, la prédiction mathématisante des phénomènes, sans scrupule et sans arrière-pensée. Une fois allumée l'étincelle enthousiaste de la Renaissance, une fois lancé le défi de ces quelques dandys[1] qui croyaient en une Nature géométrique, l'affaire a pris un tour plus sobre et plus efficace, entre les mains de gens qui mesurent, calculent, prédisent.

Les formules

Le but est d'obtenir des formules. Husserl y voit le morceau de résistance, la pièce maîtresse (*entscheidende Grundstück*)

---

1. « Les hommes de la Renaissance, enclins dans tous les domaines aux généralisations audacieuses, et chez qui par conséquent les hypothèses les plus exaltées (*überschwenglich*) trouvaient immédiatement un public favorable », H VI, p. 37, trad. fr. Granel, p. 44.

de tout le travail des sciences de la nature[1], la cible vers
laquelle tend l'intérêt du *Naturforscher*. Une formule est une
sorte de chiffre, de codage, pour la coordination entre des
idéalités, l'expression d'une dépendance fonctionnelle entre
des idéalités, qui est censée traduire le lien entre les
phénomènes[2].

On sait d'avance que les phénomènes obéissent à des
régularités, ou du moins on en fait le pari, mais cela ne donne
pas encore une loi de dépendance déterminée. « La production
(*Leistung*) décisive [...] est la coordination réelle et effective
(*wirkliche Zuordnung*) des idéalités mathématiques qui ont
été d'avance posées par substruction (*substruiert*), mais en
restant dans une universalité indéterminée et de manière
hypothétique »[3].

Une fois obtenue, la formule se lit comme une sorte de
programme d'intuitions à remplir, par degrés successifs[4], en
suivant les articulations indiquées par les signes de variables et
les signes d'opération : ici telle lettre désigne une constante à
définir par des mesures auxiliaires, telle autre lettre désigne un
coefficient multiplicateur, telle lettre désigne une variable
fondamentale du phénomène (à mesurer avec une certaine
approximation), telle lettre enfin désigne le résultat espéré
du calcul (une position, une température, etc.), résultat qu'il

1. H VI, p. 43, trad. fr. Granel, p. 51.
2. « Offenbar drücken die Formeln allgemeine kausale Zusammenhänge
aus, "Naturgesetze", Gesetze realer Abhängigkeiten in Form von "funktionalen" Abhängigkeiten von Zahlen », H VI, p. 40, trad. fr. Granel, p. 48.
3. H VI, p. 42, trad. fr. Granel, p. 50.
4. « Um die von den Quantitäten der funktionalen Koordination (kurz
gesagt : die von den Formeln) angezeigten Steigerungen der (nunmehr als
Approximationen geltenden) Anschauungen zu erfassen bzw. sie, den Anzei-
chen folgend, sich lebendig zu vergegenwärtigen. », H VI, p. 42, trad. fr.
Granel, p. 50.

faudra finalement extraire de l'enchevêtrement des signes et des opérations sur les signes. On donne son sens à la formule pas à pas, en suivant et en détricotant sa composition. Les valeurs des variables et des constantes sont des nombres comme les coefficients, mais en un sens différent, puisqu'ils sont toujours naturellement à prendre au sens d'approximations. La formule est comme une « projection » (*Entwerfen*) des régularités que l'on peut attendre.

La formule met sur le même pied des signes qui ont des contenus intuitifs totalement différents : constantes purement numériques comme les coefficients, constantes et variables empiriques à mesurer (Husserl parle de « nombres de mesure » *Maßzahlen*). Le raccord avec le réel physique est très indirect, la formule n'est pas une représentation de la situation et de son évolution, elle est un codage de dépendances qui ne peut se lire directement. On a relié ensemble des nombres (ou plutôt des signes de nombres) qui ont des sens radicalement différents, et en opérant sur ces signes de nombre on obtient le résultat concret, c'est-à-dire une valeur de nombre qui aura un sens physique.

À l'école de l'algèbre

C'est pour Husserl la leçon de l'algèbre[1] : opérer sur des signes en oubliant volontairement leur sens. Il mentionne Viète comme le pionnier d'une « pensée apriorique sur des nombres en général, totalement libérée de toute réalité intuitive ». Pourquoi Viète et pas Diophante, Al Khwarizmi ou Bombelli ?

---

1. H VI, p. 43, trad. fr. Granel, p. 51.

L'algèbre dès ses débuts est une technique de contournement de l'intuition, on décide de traiter le cherché comme s'il était donné (c'est la définition de l'« analyse »); on donne un nom à l'inconnue, et on l'introduit dans l'expression (l'équation) parmi les autres quantités, mêlant le connu et l'inconnu. Avant la résolution finale, l'inconnue n'a aucun privilège, elle circule masquée au milieu des quantités connues :

> On calcule et c'est seulement à la fin que l'on se souvient que les nombres devaient signifier des grandeurs [1].

Probablement Viète est-il particulièrement intéressant dans la perspective de Husserl, parce qu'il a atteint un plus grand niveau d'abstraction ou de formalisme, parce qu'il a, mieux que d'autres, enseigné à oublier volontairement le sens des signes afin d'opérer. Dans « l'art analytique » de Viète non seulement l'inconnue est désignée par une lettre mais aussi les coefficients numériques. Réduisant à des lettres les deux sortes de nombre sur lesquels on opère, on rend les opérations plus uniformes et mécaniques, le calcul est totalement « littéral » (on passe d'une « logistique numérique » à une « logistique spécieuse »). De plus Viète montre de manière explicite comment on circule sur deux niveaux, passant du contenu concret à la mise en équation par un série de désignations littérales, ensuite opérant en aveugle au sein du niveau formel (littéral), puis redescendant par une « exégèse » au moment où il faut donner un sens au résultat.

Bien que Galilée soit contemporain de Viète, il n'utilise pas encore les ressources de l'algèbre. Mais l'impulsion est

1. H VI, p. 44, trad. fr. Granel, p. 52.

donnée, et toute la science de la nature va progressivement se numériser et se formaliser, en une série d'étapes que Husserl expose : la géométrie s'arithmétise, avec la géométrie analytique de Descartes qui substitue des relations algébriques à des dépendances géométriques, puis l'arithmétique elle-même se formalise dans la théorie des multiplicités (les « *Mannigfaltigkeiten* » de Gauss, Riemann, Cantor). Finalement l'édifice se réduit à une « logique formelle complètement achevée », qui réalise le rêve leibnizien de *mathesis universalis*. Les objets de ces théories sont des « objets en général », vides de toute substance, définis uniquement par les relations qu'ils entretiennent, en vertu des axiomes qui les relient [1].

La physique s'est transposée en géométrie, puis celle-ci en arithmétique, enfin il n'y a plus que des relations logiques, à l'intérieur des structures abstraites que construit le mathématicien-logicien. La perte de sens est alors achevée, on ne traite plus du réel physique que « dans une généralité formelle vide » [2].

Le calcul aveugle

Pourtant il reste encore un dernier palier à franchir dans cette exténuation (*Entleerung*), cette inexorable marche vers le vide. L'envers du vide, c'est la prolifération du calcul, son autonomisation progressive. Dans les multiplicités formelles,

---

1. H VI, p. 44-45, trad. fr. Granel, p. 52-53. En plusieurs endroits Husserl va même jusqu'à soutenir que la nature ainsi conçue comme « multiplicité » est une multiplicité « *definit* », c'est-à-dire que toute proposition y est décidée d'avance – mais la notion de *definit* est difficile à préciser (voir ci-dessous notre chapitre sur les imaginaires et le calcul). Le texte de la p. 45 reste ambigu : Husserl présente la notion de « multiplicité définie » (en parlant d'un système d'axiomes complets – sans préciser le sens de cette complétude), mais il ne dit pas que la nature comme multiplicité serait *definit*.

2. « In leerformaler Allgemeinheit », H VI, p. 45, trad. fr. Granel, p. 53.

le raisonnement est un calcul, on opère sur les signes d'objets (de quasi-objets) et les signes de relation, et le calcul se perfectionne, se mécanise. La mathématique se technicise, ou plutôt elle se sur-technicise, puisque l'algèbre était déjà une *techné*, et que même la géométrie, comme le rappelle de temps en temps Husserl, était elle-même une *techné*, dès le début. Tout métier a ses routines, et le mathématicien doit pouvoir éviter de reconstruire à chaque fois ses instruments, il fabrique des raccourcis, invente des notations abrégées, des procédures canoniques et mécaniques. La mathématique exerce sur elle-même sa puissance formalisante et opératoire. On perd jusqu'au sens (déjà si pauvre) que l'objet pouvait avoir au sein de la multiplicité, dans le réseau de connexions (*Verknüpfungen*) qui lui donne son être. On perd même de vue la signification qu'avaient les propositions du point de vue de la structure logico-formelle. Il n'y a plus qu'une manipulation de signes, et pour manipuler des signes il n'est pas nécessaire de leur donner un sens, c'est même parfois gênant, comme l'enseigne l'algèbre, dans lequel l'oubli volontaire du sens des signes permet d'opérer uniformément et librement :

> développant son habileté méthodique de manière artificieuse (*kunstmäßig*) la mathématique est entraînée dans une transformation par laquelle elle devient elle-même, toute entière, un art (*Kunst*), c'est-à-dire un art d'obtenir des résultats par une technique calculatoire selon des règles techniques, résultats dont le sens de vérité effectif ne peut être obtenu que dans une pensée clairement et directement dirigée sur les objets eux-mêmes (*sachlich-einsichtig*); or on ne fait agir ici que les modes de pensée et les évidences qui sont indispensables à une technique, on opère sur des lettres, des signes de liaisons et de relations (+, x, =, etc.) et selon les règles de jeu de leur assemblage; tout se fait comme dans un jeu de cartes ou d'échecs. La pensée originaire qui donne son sens authentique

au procédé technique et donne sa vérité au résultat obtenu selon les règles (fût-ce même la vérité formelle propre à la mathesis universalis formelle), cette pensée est mise hors circuit (*ausgeschaltet*), donc hors circuit même dans la théorie formelle des multiplicités comme elle l'était auparavant dans la théorie algébrique des nombres et des grandeurs, puis dans toutes les autres applications de ces résultats obtenus par un procédé technique, sans faire retour sur le sens scientifique authentique [1].

Le problème ici, le risque immense, c'est qu'un calcul peut très bien marcher sans aucune justification, il peut aboutir à une vérité sans que les procédures opératoires soient garanties par une clarté logique. Il y a des calculs qui sont de pures recettes empiriques, établies par une longue tradition d'essais et erreurs. On aboutit bien à de la vérité, mais c'est sans savoir pourquoi, et rien ne garantit que les manipulations, qui ont marché cent mille fois, marcheront encore la cent mille et unième. L'observateur extérieur croit que les mathématiques sont un modèle de rationalité et de rigueur, mais celui qui les pratique sait que souvent elles mêlent l'instinct et le savoir faire (*Takt und Gefühl*) à de véritables procédés rationnels [2].

Un jeu aveugle de signes peut conduire à une connaissance, ou du moins à une proposition vraie (on peut s'assurer de la vérité de la proposition par une autre voie, comme on

---

1. H VI, p. 46, trad. fr. Granel, p. 54.
2. Voir le texte assez désabusé sur la valeur rationnelle des mathématiques, dans le cours de 1896 : *Logik, Vorlesung 1896*, Kluwer, E. Schuhmann (ed.), 2001, p. 4-5 : « Die Mathematik gilt vielfach, aber nur dem Außenstehenden, als das Ideal aller Wissenschaft überhaupt. Aber wie wenig sie dies in Wirklichkeit ist, lehren [...] » et Husserl mentionne l'usage des imaginaires en arithmétique et le manque de clarté dans les fondements de la géométrie. Le début des *Prolégomènes* de 1900 reprend le même thème sur un ton moins cynique.

vérifie en algèbre que la racine trouvée satisfait l'équation).
Est-ce alors une connaissance, une science au sens authentique? *Wissenschaft ist nicht Kunst*, un savoir-faire technique
de calcul et de prédiction n'est pas une connaissance.

Triste destinée de la science galiléenne. Une croyance,
esthétique ou métaphysique, dans la rationalité et l'exactitude
de la nature a permis le développement d'un art de prédire
associé à un calcul aveugle.

LA *KRISIS* ET L'HISTOIRE DES SCIENCES

KOYRÉ : PLATONISME ET RÉVOLUTION SCIENTIFIQUE

La reconstruction husserlienne est imposante. Est-elle solide ? Pour la mettre à l'épreuve, en sonder les fondations, il faudrait aller jusqu'aux problèmes les plus radicaux : le statut du calcul, le rôle de l'idéalisation en géométrie, l'analyse de l'objectivité dans la connaissance. Ci-dessous nous suivrons quelques-unes des pistes qui ont conduit Husserl aux thèses de la *Krisis*, depuis ses premiers travaux sur le nombre et sur les géométries. Plus immédiatement le tableau que décrit Husserl, la grande légende qu'il raconte, méritent d'être confrontés, fût-ce sommairement, à une histoire des sciences plus détaillée et instruite.

Husserl n'a probablement pas beaucoup fréquenté lui-même les textes de Galilée, il tire bien des éléments d'une sorte de vulgate galiléenne qui était courante à son époque, et fortement marquée de néo-kantisme, à travers Hermann

Cohen[1], Paul Natorp[2] et Ernst Cassirer[3]. En particulier la présentation donnée par Cassirer dans son grand livre sur le problème de la connaissance et dans d'autres écrits plus brefs, a pu fournir plusieurs traits essentiels du Galilée husserlien. Pour Cassirer, Galilée «jette le pont entre Platon et Kant»[4]. Pourrait-on rêver une position plus honorable, entre les deux grands luminaires de la pensée philosophique? Résumons le point de vue de Cassirer sur Galilée en trois thèses :

– Galilée accepte l'idéal de connaissance de Platon et l'étend au monde du changement ;

– l'application de la géométrie vaut sans aucune restriction pour la totalité de l'univers ;

– les qualités sensibles sont subjectives et liées à l'existence d'êtres vivants[5].

Il serait utile de voir dans chaque cas comment Cassirer infléchit le texte de Galilée, mais pour nous l'essentiel est de saisir à quel point Husserl est dépendant des néo-kantiens dans l'image qu'il se fait de Galilée.

---

1. Dans l'introduction historique qui ouvre les 2e et 3e éditions de sa *Kants Theorie der Erfahrung*, Galilée occupe une place de choix (voir le § 5 «Die philosophischen Voraussetzungen der mathematischen Naturwissenschaft», *KantsTheorie der Erfahrung*, 1918, p. 32-34).

2. Voir P. Natorp, «Galilei als Philosoph», *Philosophische Monatshefte*, 1882, p. 193-229.

3. Voir *Das Erkenntnisproblem in der Philosophie und Wissenschaft der neueren Zeit*, vol. I, 1re éd. 1906 (on trouvera une mise en perspective dans M. Fichant, «Ernst Cassirer et les commencements de la science classique» dans *Ernst Cassirer, de Marbourg à New-York*, J. Seidengart (éd.), Paris, Le Cerf, p. 117-140).

4. Cité par Fichant, *op. cit.*, p. 125.

5. Nous systématisons les p. 380-395 de *Das Erkenntnisproblem in der Philosophie und Wissenschaft der neueren Zeit*, vol. I, 1922. Ce volume n'est pas encore traduit en français, une traduction est prévue aux Éditions du Cerf.

Cependant la *Krisis* n'est pas seulement un lieu de sédimentation pour une image reçue de Galilée. De fait les analyses de Husserl ont été un guide et un stimulant pour la lecture et l'interprétation des textes de Galilée, sous un certain éclairage. La compréhension husserlienne des enjeux et des décisions créatrices a été féconde pour l'histoire des sciences, une fécondité qui est manifeste, nous semble-t-il, dans la figure et l'œuvre d'Alexandre Koyré. Voici par exemple comment Koyré conclut une conférence sur Newton en 1948 :

> il y a quelque chose dont Newton doit être tenu responsable – ou pour mieux dire, pas seulement Newton, mais la science moderne en général : c'est la division de notre monde en deux. J'ai dit que la science moderne avait renversé les barrières qui séparaient les Cieux et la Terre, qu'elle unit et unifia l'Univers. Cela est vrai. Mais, je l'ai dit aussi, elle le fit en substituant à notre monde de qualités et de perceptions sensibles, monde dans lequel nous vivons, aimons et mourons, un autre monde : le monde de la quantité, de la géométrie réifiée, monde dans lequel, bien qu'il y ait place pour toute chose, il n'y en a pas pour l'homme. Ainsi le monde de la science – le monde réel – s'éloigna et se sépara entièrement du monde de la vie, que la science a été incapable d'expliquer – même par une explication dissolvante qui en ferait une apparence « subjective ».
>
> En vérité ces deux mondes sont tous les jours – et de plus en plus – unis par la praxis. Mais pour la theoria ils sont séparés par un abîme.
>
> Deux mondes : ce qui veut dire deux vérités. Ou pas de vérité du tout.
>
> C'est en cela que consiste la tragédie de l'esprit moderne qui « résolut l'énigme de l'Univers », mais seulement pour la remplacer par une autre : « l'énigme de lui-même »[1].

---

1. A. Koyré, « Sens et portée de la synthèse newtonienne », dans *Études newtoniennes*, Paris, Gallimard, 1968, p. 42-43.

On trouverait d'autres formules tout à fait husserliennes chez Koyré : au milieu du monde mécanique de Galilée et Descartes, un monde illimité de choses inertes dominé par une pensée mathématisante, il reste une seule énigme, le sujet lui-même.

Koyré parle très peu de Husserl dans ses textes publiés, à part une présentation lors de Journées de la Société Thomiste en 1932, mais il reconnaît volontiers l'influence profonde de son ancien professeur. Comme il l'indique dans une remarque personnelle à Gurwitsch, bien que Husserl ne soit pas un historien des sciences, il a apporté une précieuse clef pour l'interprétation de Galilée [1].

La trajectoire de Koyré a croisé celle de Husserl à plusieurs reprises [2]. Koyré quitte Odessa au début de l'année 1908, pour venir étudier à Göttingen, où il suit des cours de Minkowski, Hilbert, Husserl, et se lie d'amitié avec plusieurs des membres du cercle autour de Husserl (Reinach, Scheler, Edith Stein). Koyré fait notamment un exposé sur Bergson en 1911, à l'issue duquel Husserl déclare : « les bergsoniens conséquents, c'est nous » [3]. En 1911 Koyré présente sa thèse à Husserl, sur

---

1. « It may not be out of place to recall the judgment of an authority in the history of science, the late Alexandre Koyré, who once remarked to me that, even though Husserl was not a historian by training, by temperament, or by direction of interest, his analyses provide the key for a profound and radical understanding of Galileo's work », A. Gurwitsch, *Phenomenology and the Theory of Science*, Evanston, 1974, p. 39.

2. Nous nous appuyons principalement sur deux articles de P. Zambelli, « Alexandre Koyré alla scuola di Husserl a Gottinga », *Giornale critico di storia della filosofia italiana*, 1998, p. 303-354 et « Alexandre Koyré im "Mekka der Mathematik", Koyrés Göttinger Dissertationssentwurf », *Naturwissenschaft, Technik, Medizin*, 1999, p. 208-230, ainsi que sur le livre de G. Jorland, *La science dans la philosophie, les recherches épistémologiques d'Alexandre Koyré*, Paris, Gallimard, 1981.

3. Voir *Heidegger 1919-1929*, J.-F. Courtine (éd.), Paris, Vrin, 1996, p. 131.

les paradoxes de l'infini [1], que Husserl finalement refuse, après avoir commencé une discussion critique des arguments de Koyré sur la notion d'ensemble [2]; des morceaux seront tout de même publiés en 1922 dans le *Jahrbuch* [3]. Koyré s'installe à Paris, entame des études et des recherches en histoire de la philosophie (Descartes, Saint Anselme, la philosophie russe), et dans des domaines qui touchent à la science de la nature et à ses liens avec la religion, chez plusieurs mystiques et alchimistes (Weigel, Frank, Schwenkfeld, Paracelse, Boehme).

En 1929, lorsque Husserl vient à Paris et prononce ses Méditations *Cartésiennes*, il est reçu par plusieurs Français, dont Koyré qui semble avoir joué un rôle important dans l'organisation du séjour et dans la traduction ultérieure des *Méditations Cartésiennes*. C'est précisément le moment où Koyré soutient sa grande thèse et Husserl, avec sa femme, assiste à la soutenance de la thèse de Koyré sur Jakob Boehme [4]. En 1936 Koyré visite Husserl à Fribourg, ce n'est

1. Voir le manuscrit de Koyré, datant probablement de la fin de 1911, que P. Zambelli publie en annexe à son article de 1998 (p. 323-354): *Insolubilia, Eine logische Studie über die Grundlagen der Mengenlehre*. Le manque de sophistication mathématique de Koyré est apparent en différentes occasions (cf. *Études d'histoire de la pensée philosophique*, p. 28 note 1 par exemple, à propos des diverses sortes d'infini), et le choix d'un tel sujet de thèse était probablement excessivement audacieux (P. Zambelli suggère que l'idée pouvait venir de Reinach). Le plus fécond dans ces pages de jeunesse sur l'infini et le continu réside probablement dans les réflexions sur le continu comme réalité donnée d'un coup et inconstructible, et sur la nature paradoxale du temps et du mouvement (prémisses des recherches ultérieures de Koyré sur le mouvement chez Aristote et Galilée).

2. Voir Zambelli, 1998, p. 307.

3. A. Koyré, «Bemerkungen zu den zenonischen Paradoxien», *Jahrbuch für Philosophie und phänomenologische Forschung*, 1922, p. 603-628 (version française dans *Études d'histoire de la pensée philosophique*, Paris, Gallimard, 1971, p. 9-35).

4. Témoignage de Patočka.

qu'une visite parmi d'autres [1], mais il se pourrait qu'elle ait une signification spéciale pour nous. Koyré était lancé dans son grand travail sur Galilée, dont le premier fruit public fut la conférence donnée en février 1935 à Bruxelles, et publiée dans les *Annales de l'Université de Paris* [2]. Carr juge plausible que Husserl et Koyré aient discuté de Galilée, sur lequel Koyré avait commencé à travailler et à publier; à cette date Husserl rédige un complément [3] à la première version de sa *Krisis*, qui pourrait être précisément le § 9 sur Galilée. En tous cas Husserl et Koyré ont été en relations très étroites au moment où l'un et l'autre s'intéressaient à Galilée.

Cela permet d'éclaircir certains aspects de la pensée de Koyré – sans méconnaître toute la pensée française sur laquelle s'appuie Koyré: Meyerson, Brunschvicg, Duhem, Bachelard. Le thème du platonisme de Galilée est un lien très fort. Pour Koyré, pour Husserl (et en amont pour les néo-kantiens), le rôle du platonisme est essentiel dans la naissance de la science moderne. Galilée est pour eux platonicien en ce sens qu'il reçoit un idéal de connaissance stable et objective, au sein duquel les mathématiques sont un guide, une école de pensée, et déterminent la structure de l'Univers; c'est sous cette inspiration que Galilée instaure un espace géométrique

1. P. Zambelli énumère plusieurs visites de Koyré à Husserl (1921, 1928, 1929, 1932, 1934).

2. « À l'aurore de la science moderne (la jeunesse de Galilée) », *Annales de l'Université de paris*, 1935, p. 540-551 (le titre du volume paru chez Hermann en 1939 sera légèrement différent : « À l'aube de la science classique »).

3. Husserl envoie une liasse à Liebert à Belgrade, « presque de la taille d'une *Abhandlung* »; Carr propose d'identifier cette liasse avec le § 9 sur Galilée qui a été ajouté au texte des conférences de Prague (« Translator's Introduction » *in* Husserl, *The Crisis...*, p. XIX), mais il faudrait tenir compte des tentatives ultérieures de reconstruction de Carr lui-même, à propos du texte ajouté sur le monde de la vie (Carr, *Phenomenology and the Problem of History*, p. 183-184).

indéfini et homogène, la *chora* du *Timée* ou l'espace euclidien, et minimise l'importance des expériences au profit de raisonnements *a priori*.

Koyré enrichit ce tableau en donnant des études très importantes sur la quête de précision au XVIIᵉ siècle, montrant en détails comment notre culture s'est dirigée de plus en plus vers un monde exact. Il met en relief également l'apport décisif de Kepler, dans des études détaillées sur les ouvrages astronomiques qui vont du *Mysterium* à l'*Harmoniké Mundi*.

Koyré apporte aussi des nuances à la description de la *Krisis*: le platonisme de Galilée est en même temps un atomisme, c'est l'alliance contre nature de Démocrite et Platon. L'espace de l'univers galiléen n'est pas encore infini et homogène, et les mouvements ont encore un terme, une fin (la Nature ne peut pas faire qu'un mobile aille simplement droit devant lui, sans terme, ce qui empêche Galilée d'affirmer le principe d'inertie en toute généralité). Koyré expose le rôle du temps dans le développement de la pensée physique de Galilée, alors que le temps, comme variable physique fondamentale rebelle à la représentation et à la mesure, est quasiment absent de la reconstitution de Husserl. Sur ce point Koyré mentionne plus volontiers Hegel (*Zeit ist Geist*) et Heidegger.

Le rapprochement avec Husserl permet d'éclaircir un point litigieux: pourquoi Koyré parle-t-il de « la Révolution scientifique » pour désigner la période Galilée-Kepler-Descartes-Newton ? D'autres historiens des sciences ont critiqué Koyré sur ce point, trouvant l'appellation excessive, proposant d'autres « révolutions » (pourquoi pas une autre révolution au début du XIXᵉ siècle par exemple ?, ou au XIIᵉ siècle, etc.). On comprend mieux cette périodisation très tranchée dans la perspective de la *Krisis*: il y a « révolution », bouleversement unique et irréversible, en ce sens que depuis

Galilée la nature entière est conçue comme mathématique[1]. La « substruction idéalisante » constitue le pas décisif, sur lequel nous continuons à vivre et à penser.

Il reste que Koyré a d'autres qualités que Husserl, il « lit » les grands textes de la tradition scientifique avec une finesse, une culture, une précision qui n'ont pas d'égal. Ses conceptions philosophiques, si on cherche à les synthétiser, sont assez décevantes finalement, mais son travail de lecteur est unique. Si la *Krisis* de Husserl a aidé Koyré à « lire » de plus près quelques ouvrages de Galilée et d'autres, à les faire parler de manière riche et pleine d'échos, c'est peut-être que le grand récit raconté par Husserl n'est pas une pure légende.

APOLOGIE DE GALILÉE

I – LE LIVRE DE LA NATURE, LE JASMIN ET LES CIGALES

> Hélas Monseigneur, votre cher ami et serviteur Galilée est maintenant aveugle depuis un mois, totalement et irrémédiablement ; et ce ciel, ce monde, cet univers que j'ai élargi par de merveilleuses observations et de claires démonstrations, cent et mille fois au-delà de ce qu'ont cru communément les sages de tous les siècles passés, pour moi maintenant il est si rapetissé et rétréci qu'il occupe tout juste l'espace de mon corps[2].

---

1. À vrai dire l'idée d'une « révolution scientifique » est présente aussi chez Cassirer, et provient finalement de Kant : lorsque les savants eurent compris que « la raison ne voit que ce qu'elle produit elle-même d'après ses propres plans (*Entwurfe*) », et pour la physique, lorsque Galilée et Torricelli eurent entrepris des expérimentations guidées par une anticipation méthodique, alors les sciences de la nature entrèrent dans « la voie sûre » qui est la leur. (*Kritik der reinen Vernunft*, B XII et XIII).
2. Lettre de Galilée à Elia Deodati, Arcetri 2 janvier 1638 : « aimè, signor mio ! il Galileo, vostro caro amico e servitore, da un mese in qua è fatto irrepa-

De quoi Galilée se glorifie-t-il à la fin de sa vie? D'avoir agrandi le monde par ses observations et ses démonstrations – lui qui est accusé d'avoir idéalisé le monde, substitué un autre monde métaphysique à la place du vrai monde, jeté sur notre monde un manteau d'idées. Certes, aux yeux de Husserl, Galilée ne comprend pas le sens de ce qu'il a accompli lui-même. Mais, tout bien pesé, il nous semble que Husserl et les néo-kantiens ont manqué un trait éminent de l'œuvre de Galilée : l'ouverture nouvelle au monde sensible, l'exigence de vérification, d'observation, de « sortie » des livres et des théories, par une inspection directe et personnelle des choses. Chaque génération ressent le besoin de retourner « aux choses elles-mêmes », elle estime que la précédente s'est laissée abuser par des théories, des préjugés, des livres poussiéreux ; avec Galilée et quelques autres de son temps, le vent qui balaie la poussière des livres a soufflé un peu plus fort, l'appel à regarder et vérifier soi-même a été plus impérieux et plus convaincant.

Il a vu, et il a fait voir. Le vieil aveugle a été un champion du regard. Grâce à lui, grâce à sa lunette, à sa patience pour observer, à son attention raffinée, les hommes d'Occident ont vu davantage, plus loin, plus précis.

Vous voyez des taches du côté du soleil? Regardez mieux, vous verrez qu'elles se déplacent toutes à la fois, avec lui peut-être, qu'elles se déforment, qu'une fois arrivées au centre du soleil elles paraissent larges tandis qu'elles étaient minces et

rabilmente del tutto cieco; talmente che quel cielo, quel mondo e quell' universo, ch'io con mie maravigliose osservazioni e chiare dimostrazioni avea ampliato per cento e mille volte, più del communemente creduto da' sapienti di tutti i secoli passati, ora per me si e diminuito e ristretto, ch'e' non è maggiore di quello che occupa la persona mia ».

étroites au bord – comme de vraies taches sur une sphère qui tourne[1]. Vous voyez des irrégularités à la surface de la Lune? Regardez-les mieux, suivez-les quand elles se transforment, distinguez les ombres et les plages lumineuses qui se répondent et évoluent de concert, tout à fait comme les ombres et les versants éclairés de nos chaînes de montagne, à bonne distance, quand le soleil se lève ou se couche[2]. Lisant Aristote et Galien, vous vous demandez qui a raison, du premier qui fait converger les nerfs vers le cœur, ou du second qui les rassemble vers le cerveau? Venez disséquer dans l'amphithéâtre de médecine, vous apprendrez à dégager et discerner le grand cep des nerfs qui prend racine dans le cerveau[3]. Vous croyez que la philosophie est écrite dans les livres! Sortez des bibliothèques, allez voir, ouvrez le grand Livre que Dieu nous a donné!

> vous croyez peut-être, Signor Sarsi, que la philosophie est un livre, que c'est une invention de fantaisie comme l'*Iliade* ou le *Roland Furieux*, de ces livres où l'on se moque pas mal de savoir si c'est la vérité qui est écrite là; Signor Sarsi, ce n'est pas ainsi. La philosophie est écrite dans le très grand livre qui est en permanence ouvert devant nos yeux, le livre de l'univers […][4].

Les livres et les écoles sont si confortables, ce sont des refuges tranquilles, où il suffit de tourner quelques pages pour connaître les morceaux du monde réel, on feuillette la physique, et puis la logique, et puis la théorie du ciel, et celles

---

1. *Dialogue sur les deux grands systèmes*, trad. fr. R. Fréreux avec le concours de F. De Gandt, «Points-Sciences», Paris, Seuil, 2000, p. 153 et 513-515.
2. *Le Messager Céleste*, trad. fr. I. Pantin, Paris, Les Belles Lettres 1992, p. 9-19
3. *Dialogue*, p. 219 (éd. Naz., p. 134)
4. *Saggiatore*, éd. Naz. VI, p. 322.

des animaux ; c'est si commode, et à qui irions-nous si on nous retirait Aristote [1] ?

Mais la vérité se donne à ceux qui veulent bien regarder et vérifier par eux-mêmes, qui ont des yeux :

> On a besoin d'escorte dans des pays inconnus et couverts de forêts ; en plaine et à découvert, il n'y a que les aveugles qui ont besoin de guide, et alors on fait mieux de rester à la maison. Mais quand on a des yeux, sur le front ou dans l'esprit, il faut s'en servir pour se guider [2].

L'invocation de Platon vaut d'abord en ce sens. Ce n'est pas seulement, pas en premier lieu, l'exigence de connaissance stable et idéelle, c'est un appel à trouver ou retrouver par soi-même, en soi-même, toute connaissance. En face des traités scolastiques, le savoir nouveau se transmet et prend vigueur par le dialogue, l'interrogation libre, l'échange des questions. La maïeutique est l'un des noms qu'on peut donner à la recherche libre de la vérité, une vérité que chacun doit attester en lui-même.

Le monde fictif, le « monde de papier » [3], la substruction métaphysique, c'est l'univers vu par les Aristotéliciens. Ils ont rempli les espaces célestes d'une substance que personne n'a jamais touchée, et qu'ils déclarent incorruptible, sans défaut, parfaitement homogène. Mais l'observation est venue déranger l'éther cristallin de leurs théories : il y a des étoiles nouvelles qui naissent, brillent étrangement fort et meurent en peu

---

1. Nous paraphrasons le début de la Deuxième Journée du *Dialogue sur les deux grands systèmes*. Voir aussi Première Journée, autour de la p. 81 de l'éd. Naz.

2. *Dialogue sur les deux grands systèmes*, éd. Naz., p. 138 (trad. fr. Fréreux-De Gandt, p. 225).

3. « Mondo di carta », *Dialogue sur les deux grands systèmes*, éd. Naz., p. 139.

de temps, et puis comment les comètes peuvent-elles traverser les orbes solides qui portent les planètes? Si le soleil est affublé de taches, si la lune est bosselée, peut-on maintenir la coupure absolue entre la matière tangible et corruptible de notre monde irrégulier et une « matière céleste » parfaite[1], qui ressemble beaucoup à ce cristal féerique dont le *Roland Furieux* construit ses palais enchantés?

Pour les hommes de la Renaissance, il y a deux héros découvreurs de mondes, qui sont Christophe Colomb et Copernic[2]. L'Amérique et l'immobilité du soleil sont restées ignorées des Anciens. Cependant Copernic n'est pas entré lui-même dans le monde qu'il a annoncé et c'est seulement avec Galilée – ou principalement avec Galilée – que le système de Copernic devient un monde complet, concret, sensible. Vers 1600 le système astronomique de Copernic restait un artifice mathématique. Galilée prend Copernic au sérieux, il expose les conditions physiques et perceptives d'un héliocentrisme réel et concret.

Que signifie vivre dans un monde copernicien? Si l'on y croit, il faut réformer la physique, il faut réformer aussi nos manières de percevoir. Se peut-il que nous bougions sans nous en apercevoir? La Terre peut-elle être un astre dans le ciel? Y a-t-il un ciel au sens d'Aristote? La théorie d'Aristote était tissée de présuppositions[3], d'*a priori* sur les mouvements, sur

---

1. *Dialogue sur les deux grands systèmes*, éd. Naz., p. 94 (trad. fr., p. 171).

2. Le parallèle est dressé par exemple chez Campanella, dans son *Apologie de Galilée*.

3. Malheureusement l'article de P. Janssen sur le « monde de la vie comme fondement des sciences », s'inspirant de J. Mittelstraß, s'appuie sur cette supposition que la physique d'Aristote est une science « empirique », conçue « en un sens concret », ce qui nous paraît une grave méconnaissance, qui a des conséquences également pour l'appréciation de Galilée (voir P. Janssen,

l'ordre du cosmos, sur la coupure entre ici-bas et là-haut. Galilée défait méthodiquement le tissu des arguments et des principes qui composait le cosmos d'Aristote.

Réformer la perception, c'est distinguer ce qui peut se percevoir et ce qui restera toujours, en principe, insensible, comme le mouvement d'un système auquel nous appartenons. C'est aussi graduer subtilement et ingénieusement les objets accessibles, s'exercer à percevoir, à deviner, à supposer, sans qu'il y ait de différence absolue entre le sensible et le construit. Galilée est atomiste, mais ses atomes sont semi-métaphysiques, ou semi-sensibles. Il montre joliment comment des surfaces réfléchiront diversement la lumière selon qu'elles sont lisses ou rugueuses, selon que les aspérités des molécules qui la composent sont arrangées en désordre ou que les petites surfaces (*superficietti*) sont alignées :

> que la surface du mur soit rugueuse, cela revient à dire qu'elle est composée d'innombrables surfaces minuscules, inclinées d'innombrables façons différentes ; il y a forcément plusieurs de ces inclinaisons qui réfléchissent les rayons vers un endroit donné, et il y en a forcément beaucoup d'autres qui les renvoient ailleurs [...] par conséquent, en chaque endroit d'une surface opposée [...] parviennent des rayons réfléchis ; chaque endroit est donc éclairé [1].

Voilà pourquoi un mur rugueux a l'air éclairé quelle que soit la direction d'où on le regarde, alors qu'une surface lisse comme un carrelage mouillé ne réfléchit la lumière que dans une direction particulière (dans un carrelage mouillé l'eau

---

«Lebenswelt als Fundament der Wissenschaft», in *Lebenswelt und Wissenschaft in der Philosophie Edmund Husserls*, E. Ströker (ed.), Frankfurt, Klostermann, 1979, p. 58).

1. *Dialogue*, Première Journée, trad. fr. Fréreux-De Gandt, p. 180-181 (éd. Naz., p. 102).

a rempli les creux entre les parties de matière et lissé la
surface[1]). Voilà qui fait comprendre les moirures du velours,
les effets de la nacre, etc.

Husserl fait bon marché de ces subtils degrés d'être avec
lesquels joue un physicien, et des stratégies ingénieuses pour
passer du visible à l'invisible, par nuances et constructions
successives. Il ne dit rien de l'atomisme de Galilée, ni de la
théorie des chocs de Descartes et de ses tourbillons. Il n'y a
rien pour lui entre la théorie mathématisée et les procédures de
vérification empiriques, pas de « modèles », pas d'atomes, pas
de phénomènes à différentes échelles, pas de représentations
intermédiaires comme les fluides invisibles, les particules, les
milieux de propagation.

Une entité est remarquablement absente du tableau husserlien : la force. Pour Galilée, pour Kepler, pour Newton, le
monde n'est pas un monde de corps, du moins pas de corps
inertes et morts. La matière ne va pas sans la force ou l'énergie,
sans que nous parvenions à discerner l'origine et la nature de
cette puissance de vie et d'animation. La force est une énigme,
mais c'est elle qui est responsable des mouvements et des
métamorphoses dans l'univers. Aux aristotéliciens Galilée
oppose sa conception d'une Nature dynamique, vivante, ani-
mée par les actions et réactions de tous les corps sans exception. La Lune et la Terre se répondent activement, et si les
aristotéliciens croient en un monde supracéleste figé et parfait,
c'est qu'ils rêvent d'éternité pour eux-mêmes, qu'ils ont trans-
posé leur délire d'incorruptibilité en matière cristalline[2]. La

___

1. *Dialogue*, Première Journée, trad. fr. Fréreux-De Gandt, p. 205
(éd. Naz., p. 123).

2. *Dialogue*, Première Journée, trad. fr. Fréreux-De Gandt, p. 158
(éd. Naz., p. 84).

terre si impure et sale, tellement moins noble que leur quintes-
sence cosmique, c'est elle qui recèle la puissance de faire
croître les plantes et tous les vivants :

> Quelle plus grande niaiserie que d'appeler précieux les
> gemmes, l'argent et l'or, et très viles la terre et la fange ! peut-
> on oublier que, si la terre était aussi rare que les bijoux et les
> métaux les plus précieux, un prince dépenserait volontiers un
> monceau de diamants et de rubis et quatre charretées d'or afin
> de posséder juste assez de terre pour planter un jasmin en pot ou
> y semer un oranger de Chine, pour le voir naître, croître et
> produire de si belles feuilles, des fleurs si odorantes et des fruits
> si plaisants [1] ?

Galilée taillait lui-même ses vignes, c'était une de ses
occupations favorites. La nature qu'il décrit est vivante,
débordante. Elle est si riche que nos explications ne peuvent
l'épuiser. C'est l'histoire du petit jeune homme qui voulait
saisir le secret des cigales, comprendre comment elles produi-
saient leur chant [2]. Il fit l'inventaire de toutes les manières de
faire du bruit ou de la musique, les chants d'oiseaux, les
souffles de flûtes, les grincements de portes, etc. Chaque fois
qu'il pouvait, au cours de ses promenades, il recensait une
nouvelle manière de produire un son. Ne comprenant toujours
pas, il décida d'aller voir à l'intérieur de la bête, et il ne réussit
qu'à la tuer sans comprendre davantage. Le secret des cigales
lui resterait à jamais caché.

Sommes-nous sûrs que notre expérience est assez vaste
pour embrasser d'avance tous les phénomènes ? Celui qui a
toute sa vie vécu dans une forêt – un Tarzan de la Renaissance

---

1. *Dialogue*, Première Journée, trad. fr. Fréreux-De Gandt, p. 158
(éd. Naz., p. 83-84).

2. *Saggiatore*, éd. Naz. VI, p. 282.

– ne pourrait même pas concevoir qu'on puisse aller sur l'eau et s'y promener comme font les Vénitiens sur de gigantesques châteaux flottants[1]. Alors s'il s'agit de décider à quoi ressembleraient des habitants de la Lune …

Dans les dernières pages de la Première Journée du *Dialogo*, le jeu des analogies devient impossible à maîtriser, la Nature est trop inépuisable, trop riche de merveilles, pour autoriser des raisonnements solides. Et c'est à cet endroit que vient la distinction entre la connaissance que nous pouvons avoir « extensivement » et celle que nous avons « intensivement ». La première est réservée à Dieu, qui seul embrasse tout ce que peut recéler la Nature. Mais si nous nous restreignons à une connaissance étroite et certaine, alors nous sommes les égaux de Dieu, en un très petit domaine. C'est ce qu'offre la mathématique.

II – LES SCIENCES MIXTES

Nous avons coupé en deux la célèbre citation du *Saggiatore* :

1) Signor Sarsi, sortez de vos livres et ouvrez le grand livre de la Nature ;

2) ce grand livre est écrit avec des triangles, des cercles, etc.

Nous voulions restituer la force de l'injonction à regarder, à expérimenter, à raffiner le regard, à l'équiper même si l'on peut. Mais la géométrie peut-elle aider à voir ?

---

1. *Dialogue*, Première Journée, trad. fr. Fréreux-De Gandt, p. 161 (éd. Naz., p. 86).

Que la Nature soit écrite en langue mathématique, cela ne veut pas dire qu'elle est chiffrée, puisque les mathématiques sont offertes à tous, elles sont simples et sans mystère, même l'obtus Simplicio peut les comprendre. Il n'y a qu'à avancer un pas après l'autre, en faisant confiance à son bon sens.

Ce serait excessif aussi d'y voir une théorie de la création par un Dieu architecte. Galilée est trop prudent, et trop peu métaphysicien. Que fait-on quand on lit le livre de la nature en y cherchant des triangles et des cercles ? Galilée en donne un exemple dans la petite leçon de Salviati à Simplicio sur la fronde et la tangente[1]. Il s'agit de comprendre pourquoi, si Copernic a raison et si la Terre tourne, les pierres, les clochers, les maisons, tout doit s'envoler. Une gyration crée une tendance à s'échapper, à s'éloigner du centre de la gyration. Regardez un enfant qui lance une pierre avec une fronde. Pourquoi la pierre part-elle ? Une fois qu'on a compris que le bras et la ficelle sont comme le rayon d'un cercle dont le centre est l'articulation de l'épaule, et que la pierre a tendance à s'échapper sur la tangente[2], c'est-à-dire en suivant le mouvement qui prolonge le mouvement qu'elle avait au moment où on la lâche, on sait alors la raison (*ragione*) pour laquelle les corps à la surface de la terre auront tendance à s'éloigner. La géométrie enseigne à simplifier une situation physique et à distinguer les arrangements ou facteurs principaux.

Il est vrai qu'il y a ici un malentendu : en quoi les mathématiques donnent-elles une raison ? Salviati mêle indistinctement la description géométrique avec l'emploi du principe

---

1. Galilée, *Dialogue sur les deux grands systèmes du monde*, Deuxième Journée, p. 320, éd. Naz., p. 216.
2. Ce texte est probablement celui où Galilée a énoncé et utilisé le plus fermement le principe d'inertie, sans l'ambiguïté relative à une inertie curviligne, qui grève ses énoncés de la Première Journée.

d'inertie. La mathématique par elle-même ne peut donner pleinement la cause ou la raison. La confusion est ancienne, c'est ce que prétendait déjà l'auteur anonyme des *Questions mécaniques* en 300 avant J.-C. : dans la mécanique, le fait est physique et le pourquoi est mathématique. En divers endroits on voit que Galilée a mélangé les niveaux de vérité, et cru pouvoir démontrer apodictiquement en physique.

Le détour mathématique

La géométrie n'est pas seulement un exercice de simplification des phénomènes, elle est aussi un *discorso*, une démarche déductive, qui passe d'une vérité à une autre par des détours, durant lesquels on perd de vue quelque temps l'objet premier que l'on avait en vue. C'est que le même objet gagne à être abordé par diverses voies : les mathématiques pour Galilée sont une manière d'envisager un objet par un prédicat plus accessible, afin de cheminer jusqu'à des prédicats moins accessibles. On commence par définir le cercle comme le lieu de tous les points à égale distance d'un centre, puis on en tire, après pas mal d'intermédiaires, cette propriété plus cachée du cercle, que les sécantes issues d'un point font des produits égaux[1]. Entrer en mathématiques, c'est accepter les détours. Jusqu'où peut aller le détour ? Aurait-il mieux valu ne pas commencer ?

---

1. *Dialogue*, Deuxième Journée, p. 212, éd. Naz., p. 129 (l'exemple développé en cet endroit est celui du théorème de Pythagore, mais il est question allusivement des « propriétés du cercle », et ce texte sur les *passioni del cerchio* peut être complété très exactement par le début de la Journée additionnelle des *Discorsi* sur les proportions : tous les modes d'accès à un objet ne sont pas équivalents en clarté, la mathématique commence par des propriétés aisées, *facile*, de l'objet pour découvrir les propriétés plus secrètes).

Donnons raison à Husserl sur un point essentiel : Galilée a lancé – ou accéléré – un mouvement de mathématisation inexorable, par lequel la physique a changé progressivement de statut. La prédiction mathématisante s'est perfectionnée en s'appauvrissant. De Galilée à Dirac, la précision et la fiabilité des formules et des calculs se sont merveilleusement affirmées. Mais le contenu intuitif s'en est évaporé : on ne se représente plus rien à travers les énoncés initiaux de la théorie, on ne vise aucune explication causale, aucune intelligibilité directe. Les principes sont abstraits, il faut attendre les conséquences, parfois très lointaines, pour juger de la vérité physique de la théorie.

Galilée a accepté ce détour, ce retard, il est entré en pleine conscience dans le défilé ou le tunnel de la déduction mathématique [1]. Mais il croyait encore rejoindre la Nature lorsqu'il énonçait ses principes premiers. Par exemple, que dans une chute la vitesse croisse avec le temps, cela s'accorde à la simplicité de tous les processus naturels [2]. Les principes

1. La déclaration la plus ferme sur ce point est dans les *Discorsi*, au moment de définir le mouvement naturellement accéléré (dans le texte latin de la théorie p. 197, et dans le texte italien de la reprise dialoguée, p. 202). On procède en choisissant arbitrairement une définition, puis on en tire des conséquences, qui sont des *passioni* ou des *symptomata* de l'objet désigné par la définition, et il reste à vérifier dans l'expérience naturelle que l'objet réel possède bien ces propriétés. Ici l'objet défini, la réalité autour de laquelle on tourne en l'attrapant par diverses prises, est non le cercle, mais le mouvement de chute : on commence par la définition abstraite d'une certain mouvement accéléré, – définition aussi abstraite et arbitraire que celle d'Archimède pour sa spirale – on en tire que l'espace parcouru devra dans ce cas être proportionnel au carré du temps écoulé, et on vérifie que tel est bien le cas du mouvement de chute réel et naturel.

2. Galilée, *Discours sur deux sciences nouvelles*, Troisième journée, éd. Naz., p. 197 : « Postremo ad investigationem motus naturaliter accelerati nos quasi manu duxit animadversio consuetudinis, atque instituti ipsiusmet naturae in ceteris suis operibus omnibus, in quibus exerendis uti consuevit mediis primis, simplicissimis, facillimis[…] ».

étaient le fruit d'une « lumière naturelle », généreusement donnée par le Créateur. Aujourd'hui on se contente de stipuler les conventions de traitement de certains opérateurs abstraits, et de donner des règles pour la mesure des « observables ». La puissance déductive et prédictive des principes paraît proportionnée à la pauvreté de leur contenu intuitif.

La physique s'est installée dans les régularités calculables, s'écartant progressivement de l'idéal d'une philosophie du cosmos et de la matière, se coupant peu à peu d'une connaissance unifiée et explicative de la nature. Galilée s'excusait de renoncer à la recherche des causes[1]. Le moment n'est pas encore venu, disait-il, il fallait provisoirement se contenter de dérouler une théorie mathématique avec des principes arbitrairement posés, d'où découlaient des conséquences vérifiables. Mais le moment de la compréhension causale n'est jamais venu, il s'est même éloigné de plus en plus.

Newton franchit un pas de plus. Alors que Galilée donnait, à regret, une caractérisation formelle et superficielle de la pesanteur, comme cette sorte de tendance ou de déviation dirigée vers un point, et dans laquelle l'espace parcouru est proportionnel au carré du temps écoulé, Newton reprend cette description mathématique, il en fait la définition même de sa force « centripète » et la généralise à toute matière à travers l'univers. « Vers tout corps il se produit une pesanteur »[2], c'est-à-dire : autour de toute particule de matière, sans qu'on comprenne comment, il y a de la pesanteur, qui n'est rien de plus que cette déviation où l'espace parcouru croît comme le

---

1. Galilée, *Discours sur deux sciences nouvelles*, Troisième journée, éd. Naz., p. 202 : « Non mi par tempo opportuno di entrare al presente nell'investigazione della causa dell'accelerazione del moto naturale [...] ».

2. I. Newton, *Philosophiae Naturalis Principia Mathematica*, livre III, prop. 7, 3ᵉ éd., p. 403 : « gravitatem in corpora universa fieri ».

carré du temps, incompréhensiblement et indubitablement.
Newton s'excuse lui aussi : après quarante ans de spéculations,
il n'a encore pas trouvé la cause intelligible de cette pesanteur
universelle (c'est la phrase de la deuxième édition des
Principia : «*causas nondum assignavi*»[1]). Il se fait que les
corps tendent les uns vers les autres, c'est tout, et les générations suivantes apprendront à accepter et utiliser «cet incom-
préhensible et incontestable principe que M. Newton a si bien
établi»[2].

Ensuite entre 1780 et 1820, plusieurs savants français
autour de Lavoisier et Laplace espèrent donner un modèle
«mécanique» des interactions entre molécules[3], pour expliquer la cohésion, l'élasticité, la capillarité, les phénomènes des
fluides, etc., et il leur paraît que ce serait un beau résultat de
pouvoir tout réduire à des forces newtoniennes entre les corps.
Voilà ce qu'ils appellent «mécanique», et qui est pour eux le
summum de l'intelligibilité. Hélas même ce programme
appauvri s'avèrera irréalisable. Il était pourtant déjà tellement en retrait par rapport aux ambitions initiales de Newton
lui-même, aux yeux de qui la pesanteur universelle est
inintelligible et ne saurait s'appeler «mécanique». Le calcul
a triomphé, dirait Husserl.

---

1. I. Newton, *Philosophiae Naturalis Principia Mathematica*, livre III,
Scholium generale de la 2e et 3e éd. : «Hactenus phaenomena caelorum
et maris nostri per vim gravitatis exposui, sed causam gravitatis nondum
assignavi» (3e éd. p. 503).
2. D. Bernoulli, *Traité sur le flux et le reflux de la mer*, 1740, dans *Die
Werke von Daniel Bernoulli*, Bd 3, Bâle, Birkhäuser, 1987, p. 327.
3. Voir A. Dahan-Dalmedico, *Mathématisations, Augustin-Louis Cauchy*.

Les mathématiques mixtes

Mais le mouvement de mathématisation n'a pas commencé avec Galilée, il s'en faut de beaucoup. Koyré, Husserl semblent croire à un coup de force du XVIIᵉ siècle, ils ont négligé l'apport considérable de toute la tradition antique et médiévale, qui a exercé les hommes d'Occident à traiter mathématiquement plusieurs classes de phénomènes naturels. Il ne s'agit pas seulement d'un point d'histoire, c'est l'articulation des mathématiques et du réel qui est en cause. Husserl parle exclusivement de la géométrie, peut-être a-t-il été frappé par l'application à la nature de courbes définies abstraitement par les Anciens (la théorie géométrique de la parabole et l'ellipse sont un des sommets de la géométrie grecque « pure » et abstraite, et elles trouvent leur « application » dans le monde de Galilée et Kepler). Il ne dit à peu près rien de l'astronomie, ni de la mécanique traditionnelles, et cette méconnaissance nous paraît fausser la description qu'il donne de la nouveauté galiléenne.

Husserl ne cite pas les recherches de Panofsky sur l'histoire de la perspective en peinture (alors qu'il a assisté en 1926 à un exposé de Panofsky[1]). Cela aurait pu être pour lui un élément décisif dans son diagnostic sur la science mathématisante. Avec les traités de perspective de Piero, d'Alberti, de Dürer, *l'hybris* géométrisante est flagrante, on constate à quel point les hommes de la Renaissance ont supposé un monde géométrique, faisant comme si la perspective était la loi du

---

1. *Husserl Chronik*. C'est seulement M. Merleau-Ponty qui fera le lien entre les recherches de Panofsky et la *Krisis*, en montrant que les hommes de la Renaissance ont fait passer pour naturelle une technique de représentation géométrique arbitraire.

réel. Si Husserl n'en dit rien, c'est sans doute que l'optique ne
fait pas partie des mathématiques telles qu'il les conçoit.

De quoi s'occupe un *mathematicus* vers 1600? Il rédige
des horoscopes pour de riches clients, il enseigne le calendrier,
la géographie, la *sfera* (c'est-à-dire les rudiments de l'astronomie) et la locomotion animale aux médecins, il montre la
perspective aux architectes et dessinateurs, il trace des fortifications et des canaux devant des ingénieurs et des officiers, il
professe aussi, bien sûr, un peu de comptabilité et de géométrie
(l'algèbre est réservé à quelques champions excentriques). Les
sciences mathématiques sont diverses et d'un degré d'abstraction variable. Surtout elles sont presque toujours directement adossées à une pratique de maîtrise technique, guerre et
sièges, constructions, prévisions astronomiques, commerce,
anatomie, dessin. L'histoire des sciences a redécouvert par
exemple l'importance des livres de géométrie pratique, de
perspective, de mathématiques pour les ingénieurs, qui ont
fleuri à la Renaissance : Tartaglia, Guidobaldo, Dürer[1], et plus
que tout autre Léon Battista Alberti (*De pictura, Architecture,
Jeux mathématiques*[2]). On a aussi étudié de plus près les textes
de Héron, de la « petite astronomie » grecque, d'Alhazen, etc.
Dans ces ouvrages les méthodes d'articulation entre la réalité
empirique et les procédés formels de calcul et de démonstra-
tion sont extrêmement raffinées. Husserl néglige cet apprentissage millénaire, il considère que Pythagore et Archimède
n'ont pas fait école. Husserl fait comme si avant Galilée la

1. Voir la trad. fr. commentée par J. Peiffer de la *Géométrie* de Dürer, Paris,
Seuil, 1995.
2. Voir la trad. fr. commentée par P. Souffrin des *Divertissements
mathématiques* d'Alberti, Paris, Seuil, 2004.

mathématique était coupée du réel physique : Archimède est resté isolé, les intuitions de Pythagore étaient embryonnaires.

Un passage des *Discorsi* de Galilée devrait éveiller l'attention. Lorsque Salviati a exposé les premiers éléments de la théorie du mouvement accéléré (les définitions et les théorèmes I et II), l'aristotélicien Simplicio, qui est le représentant de la tradition scolastique, prend la parole. Il demande que l'on s'assure de la conformité entre la définition prise comme point de départ et « l'accélération dont se sert la Nature dans le mouvement de ses corps lourds qui descendent »[1]. Après avoir procédé dans l'abstrait et hypothétiquement, il faut revenir au réel physique (Simplicio propose qu'on invoque quelque expérience). On notera que la demande est faite par l'aristotélicien, et la réponse de Salviati est ironique dans son éloge :

> On voit que vous êtes un véritable homme de science, avec une demande si raisonnable, et c'est bien ainsi que la coutume et la convenance exigent de procéder dans les sciences qui appliquent aux conclusions naturelles les démonstrations mathématiques, comme on le voit dans la perspective, dans l'astronomie, dans la mécanique, dans la musique, et dans les autres, toutes ces sciences qui grâce à des expériences sensibles et bien fondées (*sensate*), confirment les principes qu'elles ont pris pour fondement de toute la construction[2].

C'est une immense tradition qui affleure ici, celle des « mathématiques mixtes », des « parties physiques des mathématiques »[3] où l'on apprend à articuler la mise en

---

1. Galilée, *Discorsi*, Troisième Journée, éd. Naz., p 212.
2. *Ibid.*
3. La formule *ta phusikotera tôn mathematôn* se trouve au début des *Qeustions mécaniques* attribuées à Aristote, un texte redécouvert à la Renaissance et que Galilée a beaucoup enseigné et commenté.

forme déductive des mathématiques formelles avec la mesure et l'observation. Galilée propose dans ce texte une liste de quatre sciences :

– optique (sous le nom de perspective, qui n'en est que la première partie[1]) ;
– astronomie ;
– mécanique (la science des machines) ;
– harmonique (théorie musicale).

La liste n'est pas exhaustive, si nous suivons le texte de Galilée ; au Moyen Âge et à la Renaissance on peut ajouter diverses autres théories, comme l'hydraulique, les fortifications, la science des poids[2], la gnomonique, la théorie de la marche des animaux, etc.

Arrêtons-nous un peu à ces listes des sciences mixtes. La liste de quatre se trouve chez Aristote[3] ; après l'arithmétique et la géométrie viennent, dans l'ordre : astronomie, harmonique, optique, mécanique. Ce sont les sciences qui sont « subordonnées » à l'arithmétique et à la géométrie, pour ces quatre sciences l'objet est physique et le pourquoi est mathématique[4]. Elles traitent d'un fait physique, mais la raison est donnée par les mathématiques.

---

1. L'optique comprend, depuis Euclide et Ptolémée : 1) la perspective qui étudie les rayons lumineux rectilignes dans leur propagation, avec les propriétés d'angle visuel, de proportionnalité de la taille à l'éloignement, etc. ; 2) la catoptrique qui s'occupe des réflexions sur des plans ou des miroirs déformés, y compris les effets des miroirs brûlants ; 3) la dioptrique qui s'intéresse à la déviation des rayons lumineux à travers des verres ou des « pierres ».
2. Si on la suppose distincte de la science des machines.
3. Il faut combiner le texte de *Métaphysique* M, 2 avec celui de M, 3.
4. En considérant provisoirement que le prologue des *Questions mécaniques* reflète le point de vue d'Aristote.

Platon dans la *République* propose pour le cursus des futurs gouvernants une liste différente de sciences mathématiques[1], ordonnée selon le degré de complexité ou la dimension : arithmétique, géométrie, stéréométrie, astronomie, musique (les deux dernières sont les « sciences-sœurs » de Pythagore). Avec Platon ces sciences sont redéfinies pour les faire servir à l'éducation philosophique, elles ne doivent pas reposer sur des pratiques empiriques (calculer avec des jetons, observer le ciel, chercher des consonances par tâtonnement) mais devenir de véritables théories idéelles. C'est probablement pourquoi il ne mentionne pas la mécanique, déjà bien établie à son époque (l'optique théorique n'existe probablement pas, elle est peut-être créée par Archytas dans ces mêmes années).

En somme Salviati déclare à Simplicio : vous êtes le gardien d'une tradition de science dans laquelle je m'inscris pleinement, ma théorie des mouvements naturels de chute est dans le prolongement des mathématiques mixtes. Galilée lui-même a pratiqué et professé ces diverses sciences ; il traite de vibration sonore à la fin de la première Journée des *Discorsi*, son père avait publié un important traité de théorie de la musique ; lui-même dessinait très joliment (il fait lui-même les croquis de la surface de la Lune dans le *Sidereus nuntius*) et utilisait des raisonnements de perspective dans ses descriptions de la Lune ou des taches solaires, comme on l'a vu ; il a beaucoup réfléchi et publié sur les machines, cherchant à élargir et à fonder cette science[2] ; enfin et surtout l'astronomie

---

1. Platon, *République*, livre VII.
2. Il a espéré réduire les phénomènes de la percussion et les mouvements du pendule à un cadre conceptuel issu de la mécanique traditionnelle.

avec ses observations, tables, instruments, théories, est pour lui un gagne-pain et le domaine d'une réflexion de philosophe.

Astronomie et mécanique

L'astronomie est aussi ancienne, aussi respectable que les autres sciences mathématiques. Le premier texte déductif de mathématiques que nous possédions est un texte d'astronomie, la *Sphère en mouvement* d'Autolycos, très probablement antérieur à Euclide, et déjà arrangé en principes et conséquences, à un certain niveau d'abstraction (il y a du mouvement de rotation et de l'éclairement, donc un peu plus de richesse concrète que dans les *Eléments* d'Euclide). Si l'on cherche des traces d'une « substruction » d'idéalités mathématiques sous le monde perçu, l'astronomie a emprunté depuis des millénaires ce chemin périlleux. Eudoxe expose vers 350 av. J.-C. comment on peut remplacer les mouvements des objets célestes par des emboîtements de sphères, tournant à vitesses constantes autour d'un centre commun. Il faut remonter plus haut encore, et peut-être très en arrière dans l'histoire de l'Occident, si l'on veut discerner la première instauration d'un cadre mathématique pour les mouvements célestes. Quand les Babyloniens ont commencé à découper dans le ciel un Zodiaque avec douze zones de 30 degrés[1], n'est-ce pas déjà une substruction? On déclare que le soleil se trouve tel mois dans tel signe, mais cela est impossible à constater directement puisque les signes visibles sont à l'opposé. On compte trente degrés pour un signe, alors que les mois lunaires ne sont pas aussi constants, on compte 360 degrés de tour pour l'année, ce qui permet de profiter des

---

1. Le zodiaque avec les douze zones est attesté vers 450 av. J.-C. dans des textes akkadiens.

propriétés étonnantes du nombre 36, mais l'année n'en contient pas 360 exactement.

Jusqu'où faudrait-il remonter ? Un calendrier est déjà une théorie de physique mathématique : c'est un dispositif mathématique et il est falsifiable, il se dérègle au fil des années s'il est mal agencé, comme l'attestent les paysans de Grèce antique qui viennent protester contre le mauvais calendrier qui les obligerait à moissonner sous la neige.

Cependant les diverses sciences mixtes ne sont pas toutes physiques au même degré. Les objets brillants qui glissent dans le ciel appartiennent à un autre monde, trop régulier, limité à la vue, c'est la théorie d'un spectacle immatériel et divin, et les sphères qui portent les astres sont d'une essence différente de la nôtre, moins rebelle à la régularité. L'optique et la musique traitent elles aussi de réalités impalpables, vibrations, rayons issus de l'œil. Il reste le cas, litigieux et passionnant, de la mécanique. Seule dans la liste canonique des quatre sciences, la mécanique est terre à terre, s'occupe de « machines » ou d'artifices qui sont des réalités matérielles de ce monde-ci. Quelle continuité y a-t-il entre la science des machines des Anciens, peu utile en dehors des chantiers et des sièges militaires, et la mécanique comme science fondamentale à partir de Galilée et Newton ? Devrait-on considérer que la mécanique antique est en un sens déjà une science mathématique de la nature ? Comment définir la mécanique, tout au long des métamorphoses qu'elle a subies depuis les premiers traités théoriques sur les machines de siège, les ruses de guerre et les engins de chantier ? La question nous paraît ouverte. La définition même de la mécanique, son statut et ses méthodes, sont un enjeu important, si l'on veut dégager les conditions et les décisions qui ont permis la physique mathématique moderne.

L'idée de lois de la nature apparaît chez Galilée dans le contexte de la définition de la mécanique. Galilée dès ses premières études de mécanique insiste sur un point : il est vain de croire qu'on peut ruser avec la nature, les « machines » ne peuvent être des trucs, des artifices qui contourneraient les lois naturelles [1]. La nature ne se laisse pas tromper.

S'il en est ainsi, la voie est ouverte à une unification avec l'astronomie : le ciel n'est plus le seul lieu de perfection et de stabilité, la nature sublunaire est de même tissu, et les machines, leviers, cabestans, jeux de forces et de rouages, sont aussi réguliers, aussi accessibles aux prévisions et calculs que les éclipses lunaires ou les retours d'astres. Si la mécanique est aussi certaine et « légale » que l'astronomie, alors le monde ne fait plus qu'un et la blonde Marquise pourra dire à Fontenelle [2] en 1686 : « La philosophie est devenue bien mécanique ». Et Fontenelle lui répond : « je crains qu'on en ait bientôt honte ».

En somme, dans le nouveau procès qui est fait à Galilée, il faudrait requalifier le crime, puisque les actes les plus graves, les décisions les plus fatales, remontent à des temps immémoriaux. On ne proclamera pas :

le Sieur Galilée est accusé d'avoir frauduleusement remplacé le monde réel par une cathédrale d'idées,

mais plutôt :

le Sieur Galilée est accusé d'avoir – avec ses complices René, Johannes, Isaac – témérairement permis l'unité de la vulgaire science des machines avec l'honorable astronomie.

---

1. Par exemple *le Meccaniche*, Galilée, *Opere*, éd. Naz., II, p. 155.
2. Fontenelle, *Entretiens sur la pluralité des mondes habités*, « Première Soirée », Paris, 1966, p. 19.

CHEMINS VERS LA *KRISIS*

La pensée de Husserl s'est développée et construite tout d'abord au sein des sciences exactes, à partir d'elles et en s'en différenciant peu à peu. Après l'étude psycho-génétique du nombre dans la *Philosophie de l'arithmétique*, Husserl s'est attaqué au problème des fondements de l'« Arithmétique Universelle », c'est-à-dire du statut des domaines de nombres abstraits, et plus généralement des « multiplicités » construites par Gauss, Hamilton, Grassmann, Riemann, Cantor, Lie. Il s'est heurté à une difficulté inattendue : les nombres inventés par ces mathématiciens pourraient n'être que de purs inter-médiaires de calcul, des signes vides, sans aucun remplis-sement possible. Les structures arithmétiques et algébriques pourraient ne reposer que sur une confiance naïve dans les signes et leur usage habituel.

Husserl a également pris au sérieux la question des nou-velles géométries, des géométries non-euclidiennes. Voulant clarifier le possible rapport de ces géométries avec l'expé-rience de l'espace, en suivant la ligne proposée par Helmholtz, il en est venu à des tentatives de description psychologique, puis phénoménologique, de l'espace concret, celui de l'expérience vécue.

Les sciences physiques l'ont retenu un peu moins, si ce n'est à travers les doctrines philosophiques régnantes, dans lesquelles la physique mathématique occupe une place de modèle des sciences. Nous suivrons, dans l'Annexe I publiée avec la *Krisis*, un débat sur l'objectivité qui nous paraît directement motivé par le néo-kantisme et dirigé contre lui. Certains textes plus allusifs, comme l'Appendice IV de la *Krisis*, témoignent que Husserl n'avait pas renoncé à trouver un terrain commun avec les nouveaux développements de la physique de son époque.

Le § 9 de la *Krisis* est nourri de ce travail critique sur les sciences exactes. Au cours de ces recherches, s'est précisée pour Husserl l'idée, un peu folle, encore difficile à cerner pour ses lecteurs, d'une « autre science », en quelque sorte une rivale de la science exacte des modernes. Cette science désirée serait une description méthodique de l'expérience vécue, non plus seulement de l'espace, de la chose, ou du flux temporel, mais une science complète et fidèle du « monde de la vie », avec ses structures, ses connexions, sa « fluence » et ses « types ».

LE CALCUL COMME PURE TECHNIQUE :

LES IMAGINAIRES (1890-1901)

La percée

La « percée » des *Recherches Logiques* est le fruit d'une enquête sur les objets et les méthodes des mathématiques. On connaît le texte où Husserl évoque les motifs qui l'on conduit :

La percée (*Durchbruch*) de la phénoménologie se rattache à des recherches qui avaient déjà occupé l'auteur pendant des années, recherches d'abord pour élucider l'effectuation de la connaissance en arithmétique et, d'une manière générale, dans les mathématiques analytiques pures. Ce furent surtout leurs procédés purement symboliques, dans lequel le sens propre, originairement visionné (*einsichtige*), apparaissait, sous le titre du passage par «l'imaginaire», brisé (*durchbrochen*) et inversé en contre-sens, qui dirigèrent ma pensée sur le caractère signitif et purement llinguistique du processus de la pensée et de la connaissance [...] [1].

Un détail peut aider à lire ce texte trop connu d'un œil neuf. Le même mot allemand *durchbrechen* est employé pour désigner à la fois la naissance de la phénoménologie et l'étrange aventure qui advient au sens : en mathématiques, ou du moins dans certaines branches des mathématiques, le sens paraît rompu, *durchbrochen*, et à force de se demander pourquoi, Husserl a fini par effectuer une rupture, un *Durchbruch*.

Il y a loin d'une rupture à l'autre, et le lecteur des *Recherches logiques* a bien de la peine à faire le lien, et à voir en quoi les analyses du signe, du remplissement, de l'inten-

---

1. *Articles sur la logique*, p. 373 : « Der Durchbruch der Phänomenologie knüpft sich an Untersuchungen, die den Verfasser schon vorher jahrelang beschäftigten, Untersuchungen zunächst zur Aufklärung der Erkenntnisleistung der Arithmetik und reinen analytischen Mathematik überhaupt. Vor allem ihre rein symbolischen Verfahrungweisen, in denen der eigentliche, ursprünglich einsichtige Sinn unter dem Titel des Durchgangs durch das "Imaginäre" durchbrochen und ins Widersinnige verkehrt erschien, waren es, die mein Denken auf das Signitive und rein Sprachliche des Denk- und Erkenntnisprozesses hinleiteten und von da aus zu allgemeinen Untersuchungen nötigten, die eine universelle Klarlegung des Sinnes, der richtigen Begrenzung, der eigentümlichen Leistung der formalen Logik betrafen ». « Entwurf einer Vorrede zu den Logischen Untersuchungen », *Tijdschrift voor Philosophie*, 1939, p. 125-126.

tionnalité, sont la suite nécessaire d'une étude des mathématiques supérieures. Le problème précis du détour par l'imaginaire est absent, si ce n'est sous forme d'une brève allusion assez cryptique dans le chapitre 11 des *Prolégomènes à la logique pure*.

Pourtant le problème n'a pas quitté Husserl, puiqu'en novembre-décembre 1901, à peine arrivé à Göttingen, il expose devant Hilbert et la Société Mathématique de Göttingen sa théorie sur « l'imaginaire en mathématiques ». Madame Husserl raconte :

> Ici [à Göttingen] la vie intellectuelle de l'université a un train bien différent de celui de Halle, et ce sont particulièrement les mathématiciens Klein et Hilbert qui entraînent Edmond dans leur cercle ; ils le stimulent tant que récemment il a fait devant la Société Mathématique un exposé à partir de ses anciens manuscrits mathématico-philosophiques, et qu'il le prépare pour une publication [1].

Nous ne possédons pas le texte exact de ces deux exposés, mais les pages publiées en annexe VI du volume XII des *Husserliana (Über das Imaginäre in der Mathematik)* sont probablement un reflet assez proche, si l'on y joint au moins l'annexe VIII, *Das Gebiet*, et probablement une part de la substance des annexes VII, IX et X. Ces textes sont difficiles à dater, on doit les faire remonter à 1894, avec des additions ultérieures et une révision de 1901 [2]. Cela correspond assez bien au récit de Madame Husserl : de vieux manuscrits que Husserl va rechercher, qu'il revoit pour son exposé, et peut-être qu'il complète ensuite en vue d'une publication. Le texte

1. *Husserliana*, t. XXI, p. XIII.

2. Le manuscrit qui contient les annexes VI-X porte la mention « Aus Oktober 1894 und Ergänzungen. Durchgesehen 21.12.1901 » (*Husserliana*, t. XII, p. 546).

qu'on peut nommer principal, celui sur « l'imaginaire en mathématiques » ne peut par exemple dater entièrement de 1894, puisque Husserl y mentionne Hilbert et son concept de complétude[1].

Les problèmes de date ne sont pas les seuls. Le sens de ces textes n'est pas facile à extraire, et les commentateurs n'ont pas été très bavards sur le problème de l'imaginaire et sa solution par Husserl.

Les *Recherches logiques* sont le fruit d'une longue enquête qui portait d'abord sur les mathématiques : en premier lieu l'arithmétique, puis les disciplines plus avancées et plus abstraites que sont l'algèbre (nommée de son nom newtonien d'arithmétique universelle) et l'analyse supérieure.

Husserl avait pensé prolonger le volume i de la *Philosophie de l'arithmétique* par un volume sur les méthodes générales de l'arithmétique universelle et de l'analyse supérieure. Il a rencontré des difficultés inattendues, et reconnu son échec dans ce domaine. Il lui est apparu impossible de justifier rigoureusement les procédés des mathématiciens.

La lettre à Stumpf de 1890

Une longue et importante lettre à Stumpf[2], qui date probablement de 1890, donne une idée du cheminement de Husserl. Résumons à grands traits cette lettre qui représente un témoignage très intéressant. Un texte parallèle[3], une ébauche de plan pour ce volume ii, éclaire certains passages de la lettre.

---

1. XII, p. 440.
2. *Studien zur Arithmetik und Geometrie, Husserliana*, t. XXI, p. 244-251.
3. Beilage V de la première partie des *Studien zur Arithmetik und Geometrie, Husserliana*, XXI, p. 257.

Husserl donne d'abord à son correspondant quelques nouvelles sur l'avancement de la deuxième partie de la *Philosophie de l'arithmétique*, qui doit concerner l'*arithmetica universalis*, il se plaint de rester dans le manque de clarté. Les « résultats » auxquels il est parvenu pour l'instant sont remarquables, mais assez peu encourageants : le concept de nombre ne peut être le fondement de l'arithmétique universelle, comme il l'avait cru au moment de son habilitation. Il est impossible de « déduire les nombres négatifs, rationnels, irrationnels et les diverses sortes de nombres complexes à partir du concept de nombre ».

Certains penseurs, comme Helmholtz, ont cru s'en tirer en faisant des nombres de simples signes, et de l'arithmétique un jeu de signes, à la suite des succès de Grassmann, qui était parvenu à déduire tout l'algorithme de l'arithmétique et de l'analyse à partir de pures définitions de signes.

Il est vrai qu'on peut concevoir comment un système de signes et d'opérations sur des signes peut remplacer un sytème de concepts et d'opérations de jugement. Il s'agit de ce que l'on appelle un calcul, c'est-à-dire de procédés mécaniques, parallèles à l'enchaînement des pensées, qui permettent de remplacer et d'économiser la pensée elle-même.

Mais si l'on veut traiter comme un système de signes toute l'arithmétique supérieure dans sa diversité[1], la difficulté est que les domaines sont trop hétérogènes, et que la notion de nombre en général ne peut s'appliquer à tous. Dans le cas des grandeurs discrètes les fractions, les irrationnels et les imaginaires n'ont aucun sens ; dans le cas des nombres, les négatifs n'ont aucun sens ; dans le cas des quantités continues (comme

---

1. Je propose ici une interprétation d'un passage assez énigmatique (XXI, p. 246, l. 35 – p. 247, l. 5) en le reliant à l'esquisse de plan de la p. 257, l. 28-34.

les poids), les fractions et les irrationnels ont un sens, mais pas les imaginaires et les négatifs; et ainsi de suite. On peut prétendre que cette discipline trouve sa justification par ses applications, mais ces applications ne tombent sous aucun concept commun qui en serait le fondement. Il serait aberrant de prétendre que les formules ont un sens pour certaines sortes de nombre concret, mais non pour le nombre absolument parlant (*überhaupt*)[1]. Comment ce qui ne vaut pas pour le tout pourrait-il valoir pour la partie ?

Il se trouve qu'on utilise le calcul différentiel et intégral en théorie des nombres, et on y obtient des résultats remarquables qui s'expriment en nombres entiers. De même dans d'autres branches. Lorsqu'on va jusqu'au bout du calcul (*ausrechnet*), le résultat est une identité « réelle » (*wirkliche*, sans nombres fictifs, sans irrationnels, sans infiniment petits). « Comment est-ce possible ? »[2].

Husserl continue en mentionnant une question particulière qui se rattache aux précédentes et lui a servi de point de départ, c'est notre question :

> C'est une question étroitement apparentée (*eine nahe verwandte Frage*) qui a formé le point de départ de mes recherches. Comme originellement je concevais les signes uniquement en relation en relation aux concepts désignés, il fallait que dans le cas des nombres $\sqrt{2}$, $\sqrt{-1}$ etc. vaillent comme représentants de concepts « impossibles ». Je tentai donc d'abord d'éclaircir comment (*mir klar zu werden, wie*) des opérations de pensée avec des concepts contradictoires pouvaient conduire à des propositions exactes[3].

1. XXI, p. 257.
2. *Ibid.*, p. 247, l. 8-9.
3. *Ibid.*, l. 10-15.

Un point essentiel concerne la forme du résultat :

> Je remarquai finalement que grâce au calcul même et à
> ses règles, tel qu'elles sont définies pour ces nombres fictifs,
> l'impossible disparaît (*wegfällt*) et il reste une équation exacte.
> Le procédé de calcul s'effectue bien une deuxième fois avec les
> même signes, mais en relation à des concepts *valables* cette
> fois, et le résultat est correct de nouveau. Donc la « possibilité »
> ou l'« impossibilité » n'ont rien à faire ici. Même si par erreur je
> me figurais que le contradictoire soit quelque chose d'existant,
> même si j'avais les théories les plus absurdes sur le contenu des
> concepts numériques en question, comme l'ont fait plusieurs
> grands mathématiciens, le calcul reste exact, s'il est conforme
> aux règles. Donc ce sont les signes qui agissent, et leurs règles
> (*also müssen es die Zeichen machen, und ihre Regeln*) [1].

Husserl se juge forcé de revenir malgré lui à une position
désespérée, une théorie « helmholtzienne » du signe, naturellement pour des raisons qui ne sont pas les arguments
simplistes de Helmholtz : les signes ont une puissance étrange.
Il faut se mettre à étudier l'arithmétique formelle et le calcul.
Puisque l'arithmétique universelle n'est en somme pas
vraiment une science mais plutôt un morceau de la logique
formelle, il faut étudier cette logique comme « art des
signes » [2].

Voilà où en est Husserl en 1890. Helmholtz avait tort de
croire qu'on peut se contenter des signes, et pourtant comment
faire autrement ? Les procédés en question ne sont même pas
un calcul au sens strict, puisque le calcul suppose un parallélisme entre les concepts et les signes, entre les jugements et les
opérations, et qu'ici il y a des segments totalement dénués de
sens, des signes désignant des concepts impossibles.

---

1. *Ibid.*, l. 17-27.
2. *Ibid.*, p. 248, l. 24-26.

Les imaginaires

Précisons la difficulté. L'imaginaire désigne au premier chef ces entités nouvelles inventées à la Renaissance pour donner une solution à des équations algébriques à coefficients réels, dans les cas où la résolution bute sur des cas de forme $x^2 + 1 = 0$. À plusieurs reprises Husserl insiste sur un exemple fondamental qui indique en quel sens il conçoit ces nombres : il s'agit du cas irréductible du troisième degré. Ce sont des équations qui ont trois racines réelles, comme on peut s'en assurer directement une fois que l'on a trouvé les racines, et pourtant l'expression qui permet de trouver les racines contient inévitablement des termes imaginaires. Cardan avait trouvé une formule générale donnant les solutions des équations du troisième degré, mais dans certains cas la quantité sous le radical devient négative. Or ces cas sont précisément des cas où les trois racines sont réelles. Bombelli est parvenu dans son *Algebra* de 1572, à opérer avec des nombres imaginaires pour retrouver les racines réelles au terme du calcul. Un exemple traité par Bombelli est celui de l'équation $x^3 = 15x + 4$, dont les trois racines sont réelles $(4, -2 + \sqrt{3}$ et $-2 - \sqrt{3})$.

Husserl mentionne ce fait dans son cours de l'hiver 1889-1890 :

> À son tour le concept de l'imaginaire présente de grandes difficultés; tout comme le concept du négatif, ce concept s'obtient comme conséquence du calcul, et on ne pouvait l'éviter dans la résolution des équations du troisième degré, dès lors que justement dans le cas où sont présentes trois racines

réelles, les solutions ne pouvaient être données sous forme close que grâce à des symboles imaginaires[1].

Pourquoi insister sur le cas iréductible? Les imaginaires sont des solutions pour les équations de forme $x^2 + 1 = 0$, mais dans ce cas le résultat final est imaginaire, et les algébristes jusqu'au XIXe siècle n'y voyaient pas de véritables solutions. En revanche dans le cas irréductible, les solutions sont réelles, pourtant on ne peut les trouver que par le biais des imaginaires, en passant par des écritures dépourvues de sens. L'imaginaire n'a pas sa justification en lui-même, mais dans le résultat final, où l'imaginaire a disparu. C'est une sorte de scandale, qui a occupé les plus grands esprits, par exemple d'Alembert dans l'article « cas irréductible » de l'*Encyclopédie*.

Infiniment petits et négatifs

S'agit-il d'une bizarrerie isolée dans l'ensemble des mathématiques? Husserl rapproche l'imaginaire au sens strict d'autres entités quasi-numériques comme les irrationnels, les négatifs etc. La fécondité du détour par des fictions n'est pas limitée aux équations algébriques. Husserl, plus ou moins explicitement selon les textes, envisage deux autres cas importants : les infiniment petits et les nombres négatifs.

Au XVIIe siècle les infiniment petits sont utilisés sous des formes diverses, comme indivisibles de grandeurs, comme accroissements négligeables, comme différences de deux grandeurs, comme quantités évanouissantes. Leur statut est loin d'être clair ou même univoque. Le point essentiel est qu'ils doivent disparaître du résultat. Prenons un exemple.

---

1. « Grundprobleme der Arithmetik und Analysis (WS 1889-1990) », *Studien zur Arithmetik und Geometrie, Husserliana*, XXI, p. 236.

Dans un calcul de tangente, la comparaison des abscisses et des ordonnées infiniment petites permet d'obtenir un rapport fini qui donne la pente de la tangente, souvent sous la forme de l'abscisse de la sous-tangente.

On manipule des dx et des dy, mais dans l'équation finale ils ont disparu. Ce sont des intermédiaires de calcul, qui obéissent à des règles un peu spéciales, par exemple que l'on peut diviser par dx mais que le produit dx^2 est nul, ou, plus brutalement, que deux grandeurs qui diffèrent d'un infiniment petit sont égales. Le dix-huitième siècle s'habituera à ces entités, et chez Euler ou d'Alembert on considère comme un résultat utile et acceptable une expression qui contient des dx, dz, etc. Chez Torricelli, Pascal, Fermat ou Leibniz en revanche, le résultat doit être une expression en termes finis.

La justification de l'infiniment petit est difficile à donner, mais plusieurs auteurs, notamment Leibniz, insistent sur ce fait qu'il reste un simple auxiliaire provisoire dont on se débarrasse à la fin.

À ce sujet Husserl cite Lazare Carnot (*Réflexions sur la métaphysique du calcul infinitésimal*, 1797). La doctrine de Carnot n'est pas la plus pénétrante ni la plus rigoureuse qu'on puisse trouver, mais elle présente des traits qui nous intéressent beaucoup pour comprendre Husserl. Carnot analyse le procédé comme une « compensation d'erreurs »[1]. Le résultat est « exact » bien que les étapes intermédiaires soient affectées d'une erreur plus ou moins grande. Les équations intermédiaires sont des « équations imparfaites », sur lesquelles on opère diverses transformations, substitutions, etc., jusqu'à ce que finalement les équations « se trouvent exactes par compen-

---

1. L. Carnot, *Réflexions sur la métaphysique du calcul infinitésimal*, Paris, 1797, rééd. A. Blanchard, 1970, p. 8-9 (§ 8-9).

sation d'erreurs » : « on parvient enfin à les dégager absolument de toute considération de l'infini, par l'élimination
complète de tout ce qui s'y trouvait d'arbitraire », autrement
dit, l'équation déduite « ne renferme plus aucune quantité
infinitésimale » [1].

Naturellement nous ne prétendons nullement que Husserl,
qui a assimilé les idées et les procédés du XIXe siècle sur
l'analyse, en particulier ceux de Cauchy et de Weierstrass,
voie dans la théorie assez mal assurée de Carnot une véritable
fondation. Mais il a pu y trouver des indications précieuses
pour élaborer ses idées et préciser cette notion d'un détour par
des entités absurdes.

Les nombres négatifs présentent selon Husserl un autre
exemple du même procédé, du moins si l'on suit d'Alembert.

> D'Alembert lui-même les [les nombres négatifs] considère
> comme des grandeurs affectées d'un signe [*bezeichnete*], et ce
> signe exprime une fausse supposition qui est contenue dans le
> problème et sera redressée par un changement convenable du
> problème et ainsi par un changement des signes dans l'équation
> qui en résulte [*Ausgangsgleichung*]. Toute solution négative à
> laquelle conduit un problème, est en soi une solution fausse,
> mais qui renvoie à des solutions exactes dans un problème relié
> d'une certaine manière au problème posé [2].

Husserl s'appuie très probablement sur la discussion de
d'Alembert dans l'*Encyclopédie*, à l'article « Négatif ». Pour
d'Alembert, un nombre négatif est l'indice qu'« il y a quelque
erreur tacite dans l'hypothèse du problème ». « Les quantités
négatives indiquent réellement dans le calcul des quantités

1. *Ibid.*, p. 26-27 (§ 33-34).
2. « Grundprobleme der Arithmetik und Analysis (WS 1889-1990) »,
Studien zur Arithmetik und Geometrie, Huss. XXI, p. 234.

positives, mais qu'on a supposées dans une fausse position».
Aussi ne peut-il y avoir de quantité négative isolée : «si elle
étaient présentées comme seules et isolées, les signes – dont
elles sont précédées ne présenteraient rien de net à l'esprit »[1].
Les solutions véritables et sensées sont les solutions positives,
mais on peut manipuler au cours du calcul des quantités
affectées d'un certain signe qui rappelle leur caractère de
fausseté.

Les analyses de Carnot et d'Alembert peuvent avoir servi
de guide à Husserl. La signification et la portée du problème
s'éclairent en effet à la lumière des esquisses de description de
Carnot et d'Alembert : les entités en question doivent être
traitées comme des fictions provisoires, qui n'ont aucun sens
par elles-mêmes, mais peuvent à certaines conditions produire
des résultats sensés. Deux traits essentiels doivent être gardés à
l'esprit :

1) les imaginaires disparaissent du résultat ;
2) une fois obtenu le résultat, la vérification directe est
possible (directe, c'est-à-dire sans recours aux imaginaires)[2].

---

1. Article « Négatif », *Encyclopédie*, t. X, 1765, p. 73 a.
2. La traduction de J. English a besoin de quelques amendements sur ces
deux points (allemand XII, p. 432, français, p. 496) : « Il est en effet apparu que,
si le calcul était accompli mécaniquement selon les règles d'opération comme
si tout avait un sens, alors, du moins dans de larges sphères de cas, tout résultat
de calcul qui était exempt des éléments imaginaires pouvait prétendre à
l'exactitude, ainsi qu'on pouvait le montrer empiriquement par vérification
directe » (et non vérification *indirecte*); plus loin, (allemand, p. 433, français,
p. 497) : « Comment est-il possible d'expliquer qu'on puisse opérer avec ce qui
est absurde selon des règles, et que, lorsque l'absurde s'élimine des propositions, les propositions obtenues soient exactes ? » (et non « si ce qui est absurde
se situe en dehors des propositions » pour traduire « wenn das Widersinnige aus
den Sätzen herausfällt »).

Succès et clarté logique

Le développement des mathématiques paraît ainsi enseigner une leçon de cynisme ou de pragmatisme : on s'habitue à manipuler des signes dénués de sens, puisque le résultat est correct. On peut après coup vérifier directement que la solution cherchée est la bonne. Progressivement vient la confiance dans les instruments. Husserl décrit cette situation insatisfaisante dans un texte probablement un peu postérieur, la *Semiotik* de 1890 :

> l'arithmétique générale, avec ses nombres négatifs, irrationnels et imaginaires (« impossibles ») a été inventée et utilisée pendant des siècles avant d'avoir été comprise. On a eu, concernant la signification des ces nombres, les théories les plus contradictoires et les plus incroyables, mais cela n'a pas empêché leur emploi. On pouvait précisément se convaincre, par une vérification facile, de la justesse de chacune des propositions que l'on déduisait par leur intermédiaire, et après d'innombrables expériences de cette sorte on a eu naturellement confiance et on a cru possible un usage sans restriction (*unbedingt*) de ces procédés, on les a étendus et raffinés toujours davantage, tout cela sans la moindre compréhension de la logique de la chose, qui malgré toutes sortes d'efforts n'a fait aucun progrès essentiel depuis l'époque d'un Leibniz, d'un d'Alembert ou d'un Carnot jusqu'aujourd'hui [1].

Husserl voit dans cette confiance, dans cet abandon au succès des calculs, une démission grave. Le succès ne justifie pas les procédés, il manque une clarification logique, il

---

1. *Semiotik, zur Logik der Zeichen*, in *Husserliana*, t. XII, p. 369-370 (quelques modifications par rapport à la trad. fr. J. English dans *Articles sur la logique*, p. 440-441).

manque une vue claire de la raison pour laquelle le procédé
conduit au vrai et doit conduire au vrai :

> Toute opération artificielle avec des signes sert d'une certaine
> manière des buts de connaissance; mais elle ne conduit pas
> toujours effectivement à des connaissances, au sens vrai et et
> authentique où connaissance signifie compréhension logique.
> C'est seulement si le procédé est lui-même un procédé logique,
> si nous possédons la compréhension logique que tel qu'il est et
> parce qu'il est tel, il doit conduire à la vérité, qu'alors son
> résultat n'est pas simplement une vérité de facto, mais une
> connaissance de la vérité. C'est seulement alors que nous avons
> la pleine certitude d'être protégés de l'erreur [...] [1].

Husserl est revenu à maintes reprises sur cette idée, qui est
l'une des plus fondamentales chez lui : le succès ne suffit pas,
il faut atteindre une clarté véritable, il faut rendre raison du
procédé qui mène au vrai, comprendre pourquoi il mène au
vrai et doit y mener. Le premier chapitre des *Prolégomènes* ne
dit pas autre chose.

Même dans les cas où le mathématicien le plus exigeant est
satisfait, la question continue à se poser, cette question que
Husserl nomme la question « logique ». Ainsi pour les séries
infinies : après plusieurs générations d'essais et d'erreurs, on
est parvenu à élaborer des critères de convergence qui rendent
inoffensif l'usage des séries :

> On a ainsi trouvé les bornes à l'intérieur desquelles un calcul
> avec ces expressions, qui au fond représentent seulement des
> formes abrégées pour une infinité d'opérations, ne conduisait
> plus à des résultats contradictoires. Cependant on n'a nulle-

---

1. *Ibid.*, p. 368-369 (quelques modifications par rapport à la trad. fr.
J. English dans *Articles sur la logique*, p. 439-440)

ment écarté par là les difficultés logiques qui s'attachaient à cette forme particulière de calcul [1].

Il ne suffit pas de s'assurer que le procédé ne conduit plus à des erreurs, il faudrait aussi obtenir une clarté « logique ». Les méthodes mathématiques les plus raffinées se sont élaborées au cours des siècles par essais et erreurs, à la manière d'une « sélection naturelle », mais sans « tirer au clair le caractère logique de ses méthodes » [2].

Des algorithmes à la multiplicité

La difficulté est à son paroxysme dans le cas des imaginaires, puisqu'il s'agit de signes qui ne désignent rien, qui ne peuvent rien désigner. L'imaginaire est assimilé par Husserl au « carré rond », ce nom qui par avance interdit tout remplissement [3]. Dans l'échelle des « distances » entre le signe et la chose que décrit la « Sémiotique » de 1890, au-delà des signes qui remplacent provisoirement ou durablement, ou définitivement, une représentation propre, il y a des représentations symboliques qui ne pourront jamais conduire au concept visé.

Rappelons la question énoncée dans le volume premier de la *Philosophie de l'arithmétique*, et qui sert de point de départ au texte intitulé *Sémiotique*, et probablement au projet d'ensemble du volume II :

Comment est-il possible de parler de concepts que l'on ne possède pas en propre, et comment n'est-il pas absurde que

---

1. *Studien zur Arithmetik und Geometrie, Husserliana*, XXI, p. 240.

2. *Semiotik, Husserliana*, XII, p. 371 (*Articles sur la logique*, p. 441-442).

3. Voir *L'imaginaire en mathématiques, Husserliana*, XII, p. 435 (trad. fr., p. 498), à rapprocher de *Semiotik, Husserliana*, XII, p. 356 (trad. fr., p. 429) ou de la Troisième Recherche logique, § 12 (« Non sens et contresens »).

la plus certaine de toutes les sciences, l'arithmétique, soit fondée sur de tels concepts [1] ?

Cette fois on pourrait dire : les méthodes d'imaginaires utilisent des signes auxquels jamais un concept ne pourra correspondre. Dans l'un des plans esquissés pour le volume II de la *Philosophie de l'arithmétique* Husserl résume ainsi le problème : « Effectuation sans restriction et aveugle des opérations sous certaines précautions » [2].

Quelles sont les précautions à observer, et quelles justifications logiques peuvent donner ici une certitude rationnelle ? Il faut affronter cette situation-limite où les signes ne servent pas à remplacer les concepts, ni à exprimer des idées, mais remplissent « de nouvelles fonctions de connaissance », « sous forme de méthodes algorithmiques » [3].

Husserl s'engage alors dans une étude formelle des modes de calcul et une analyse des formes de théorie. Pour décrire précisément le chemin qu'il parcourt, il faudrait en suivre les différentes étapes au milieu du beau désordre des ébauches du volume II de la *Philosophie de l'arithmétique*, et des manuscrits de cette période 1890-1900. La tâche est trop vaste, et peut-être encore prématurée. Husserl tente de construire une doctrine des séries, il esquisse une théorie des ensembles, il s'essaie à une théorie générale des diverses sortes de grandeurs, pléthoïdes, orthoïdes et cycliques.

Une étape importante est représentée par son travail des années 1892-1893 sur la notion d'espace, en vue d'un

---

1. *Semiotik*, p. 340 = *Philosophie der Arithmetik*, p. 192.
2. « Unbeschränkte und blinde Durchführung der Operationen unter gewissen Kautelen », *Studien zur Arithe=tik un Geometrie, Husserliana* XXI, p. 253.
3. *Sur le concept d'opération, Husserliana*, XII, 414, *Articles sur la logique*, p. 480.

Raumbuch qui n'a jamais vu le jour. Ce travail nous retiendra au prochain chapitre (sur les lacunes de la notion riemanienne de courbure, sur le champ visuel, etc.). Le point plus décisif concerne la distinction entre géométrie concrète et géométrie formelle. Les objets de la géométrie ne sont finalement rien d'autre que les supports de certaines relations. La réflexion de Husserl sur les opérations le conduit dans la même direction : dans certains cas on peut dire que l'objet est complètement enserré par les déterminations formelles. Un texte de 1891 sur les opérations énonce la différence entre les objets « donnés » et les objets « déterminés »[1].

L'espace abstrait de la géométrie est le premier exemple d'une notion décisive chez Husserl, la multiplicité, au sein de laquelle la question du détour par l'imaginaire va prendre un sens nouveau.

La détermination complète des objets

Parmi les systèmes théoriques, il en est dont les objets sont des objets concrets, donnés d'avance, et le travail du théoricien est de dégager les lois qui expriment adéquatement les relations entre les objets en question. Il est d'autres systèmes théoriques qui se donnent eux-mêmes leurs objets : le nombre par exemple n'est rien d'autre que ce que les lois d'opérations disent de lui. Le nombre n'a aucune individualité autre que celle que lui confèrent les modes de liaison formelle instaurés par la théorie. Le nombre, pourrait-on dire, n'a aucune qualité[2].

---

1. *Sur le concept d'opération*, *Husserliana*, XII, p. 422 (*Articles sur la logique*, p. 487).
2. Voir *Drei Studien über Definitheit*, *Husserliana*, XII, p. 467.

Husserl utilise le vocabulaire de la logique traditionnelle pour décrire cette situation[1] : le nombre est une espèce ultime (*niederste Spezies*), contrairement à un individu concret il n'a aucune propriété par lui-même. Le réseau des déterminations formelles du système atteint sans aucun reste l'objet et le définit entièrement. Cet idéal d'une détermination totale des objets, Husserl lui donne le nom de « définitude ».

C'est une clef, aux yeux de Husserl, pour la question du détour par l'imaginaire. Si les objets du système n'ont aucune qualité, si leur être est tout entier défini et déterminé par les lois de liaison et d'opération, alors un élargissement du système ne peut en rien toucher les propositions relatives à ces objets initiaux. Si on enrichit l'algorithme, tout ce qui était vrai des objets antérieurement concernés reste vrai, et même : on ne peut ajouter aucune vérité.

L'idée apparaît sous forme encore vague dans certains textes préparatoires au volume II, par exemple dans ce brouillon de 1892 :

> L'impossible ne peut causer aucun dégât, parce que tous les raisonnements concevables dans lesquels l'impossible disparaît conduisent à des équations qui sont nécessairement vraies. Pour le montrer il faut chercher, pour chaque forme particulière de l'impossible, si les lois de calcul qui le rendent possible mathématiquement sont effectivement telles que toute opération élémentaire qui supprime l'impossible laisse intact ce qui est certain[2].

---

1. Appendice IX de la *Philosophie de l'arithmétique*, XII, p. 489-492 (*La question de l'élucidation des nombres « naturels » comme « donnés », comme « individuellement déterminés »*).

2. *Husserliana*, XXI, p. 254-255.

Deux niveaux de signes

Pour comprendre la solution de Husserl, il faut supposer que l'univers des propositions mathématique est séparé en deux morceaux : d'un côté les propositions qui ont un sens (avec leurs signes et les opérations permises sur les signes), et de l'autre des propositions incluant des signes dénués de sens mais arrangés selon des règles. En somme deux régimes : l'une est celui du discours vérifiable et sensé, l'autre est celui du jeu arbitraire des signes. Naturellement il faudrait préciser pourquoi le premier régime est jugé sensé et vérifiable. En 1901 Husserl décrit ces deux royaumes en toute généralité, mais il est utile de garder à l'esprit le cas des nombres : on peut supposer que la première région est celle de l'arithmétique des entiers, et la seconde celle des négatifs, ou que la première région est celle des nombres réels, et la seconde celle des imaginaires. La pointe de la solution husserlienne consiste à s'assurer que le fonctionnement purement formel des signes dans la région supérieure ne dérange rien dans la région inférieure.

Derrière ce jeu entre deux étages de signes il peut être utile d'apercevoir tout le paysage intellectuel des pratiques mathématiques du XIXe siècle, surtout chez les algébristes. Galois avait expliqué dès 1832 ce qu'il appelait « adjoindre une racine à une équation », et le raffinement de la théorie de Galois consistait à étudier comment les substitutions entre quantités adjointes ne modifiaient pas le corps de base (puisque les coefficients, qui sont fonctions symétriques des racines, prennent leur valeur dans le corps de base).

Dans une direction un peu différente, plusieurs auteurs avaient montré comment enrichir un domaine d'objets en lui ajoutant des entités nouvelles, justiciables de certaines règles nouvelles, tout en préservant les règles valables et usuelles pour l'étage inférieur. Par exemple Hamilton avait proposé en 1837 de définir les imaginaires sous forme de couples de nombres (a, b) avec des règles spéciales pour le produit de deux couples. Grassmann avait même inventé des êtres nouveaux dont le produit était « alterné » : a x b = - b x a. Vers la fin du siècle on a coutume d'appeler « complexes » ces nombres enrichis.

Complexes et imaginaires

Une précision de terminologie : dans le vocabulaire de l'époque, nombres « complexes » et nombres « imaginaires » ne désignent donc pas exactement la même chose. L'adjectif complexe correspond aux constructions de nombres supérieurs. La référence canonique est le livre de Hermann Hankel, *Leçon sur les nombres complexes*, I, *Théorie des systèmes complexes de nombres*, 1867[1]. Husserl a lu très attentivement ce livre et en a laissé des discussions détaillées. Hankel étudie successivement les algorithmes de calcul, les nombres réels comme objets formels puis comme grandeurs, les nombres imaginaires « communs », puis les systèmes de nombres complexes supérieurs, d'abord en toute généralité, puis sous la forme des nombres alternés de Grassmann, enfin sous la forme des quaternions de Hamilton, présentés d'abord formellement puis avec leur interprétation géométrique. Hankel s'intéresse tout particulièrement aux systèmes à plusieurs « unités » (des espaces de nombres à plusieurs dimensions mais dans lesquels

---

1. H. Hankel, *Vorlesungen über die complexen Zahlen und ihre Functionen, I, Theil, Theorie der complexen Zahlensysteme insbesondere der gemeinen imaginären Zahlen und der hamilton'schen Quaternionen nebst ihrer geometrischen Darstellung*, Leipzig, 1867.

il existe des relations entre les « unités », comme i x i = - 1, ou
$J_1 \times J_2 = J_3$) [1].

Le terme de nombres complexes, ou plus exactement
de « système complexe de nombres », est courant dans les
décennies qui suivent Hankel. Par exemple Hilbert l'utilise
comme titre d'un paragraphe de ses *Fondements de la
géométrie* de 1899, au moment de construire un « calcul des
segments » qui produira un domaine de « quasi-nombres ».
Lorsqu'il veut parler des imaginaires (les nombres tels que
i x i = - 1) il emploie l'expression « nombres complexes-
imaginaires » [2].

Complexe connote donc plutôt la construction abstraite de
nouveaux nombres, et le plus souvent il s'agit de nombres à
plusieurs dimensions construits à partir des nombres usuels [3].
L'une des présentations possibles des nombres imaginaires
« usuels » consiste précisément à les faire apparaître comme
des nombres complexes d'une certaine sorte.

Sur la solution husserlienne et la définitude

Dans sa solution de 1894-1901 au problème des imaginaires, Husserl procède différemment. Il n'accorde aucune
justification à des échafaudages de nombres superposés, il
tente de justifier comment le passage provisoire par des
écritures absurdes peut donner un résultat sensé et exact au

1. Ces théories se trouveront reprises et clarifiées dans la théorie des
« systèmes hypercomplexes » ou des « algèbres », voir van der Waerden,
Moderne Algebra, 1930-1931 (devenu simplement *Algebra*), chap. 13.
2. Voir par exemple *Ueber das Unendliche*, 1925, in *Hilbertiana*,
Darmstadt, 1964, p. 84 (« Die gewöhnlichen komplex-imaginären Grössen
der Algebra »).
3. Husserl semble fidèle à cette terminologie, et paraît réserver le terme
« complexe » aux nombres ou aux ensembles dotés de plusieurs « unités » (voir
Husserliana, XXI, p. 88-89 et 258).

niveau inférieur. Plutôt qu'un enrichissement de domaines d'objets, il parle d'un élargissement de l'algorithme.

Il faut au moins s'assurer que le nouvel algorithme laisse intact l'ancien[1]. Il faut plus encore. La solution de Husserl suppose aussi qu'on puisse assigner au domaine de base certaines qualités de robustesse et de régularité. On part du domaine de base et on y revient : le problème a un sens dans le domaine de base, et la solution aussi, les imaginaires ne servant que d'intermédiaires de calcul. Si le domaine de base a certaines propriétés, le détour est sans danger.

Nous nous rapprochons des précisions que Husserl a apportées à sa notion de multiplicité. Si la multiplicité est « définie » au sens de la « définitude », les objets sont sans qualité, ils sont entièrement déterminés par les modes de liaisons stipulés par leurs axiomes (les axiomes du domaine de base). Dans ce cas les nouvelles liaisons instaurées à l'occasion de l'élargissement ne peuvent en rien les modifier.

On peut même aller plus loin, prétend Husserl. Si la multiplicité satisfait à la propriété de définitude, toute proposition qui a un sens dans le domaine de base doit être vraie ou fausse en vertu des axiomes. Le détour peut procurer une commodité, une économie de pensée ou de signes, il ne peut faire apparaître de propositions qui tiendraient leur valeur de vérité d'ailleurs. Toute proposition qui a un sens dans le domaine de base (le domaine « étroit ») est vraie ou fausse uniquement en vertu des axiomes du domaine de base.

---

1. « All diese neue Konventionen, sowohl die internen für das neue Gebiet, als auch die verbindenden mit den alten, müssen so beschaffen sein, dass sie den ursprünglichen und engeren Algorithmus in keiner Weise tangieren » (*Studien zur Arithmetik und Geometrie, Husserliana*, XXI, p. 31, l. 14-15).

Alors le détour est autorisé :

> un passage par l'imaginaire est permis 1) si l'imaginaire peut se
> définir formellement dans un vaste système de déduction
> consistant et si 2) le domaine de déduction originaire formalisé
> a pour propriété que toute proposition qui se situe dans ce
> domaine est ou bien vraie sur le fondement des axiomes de ce
> domaine, ou bien fausse sur leur fondement, c'est-à-dire
> contradictoire avec les axiomes [1].

En avançant cette solution Husserl s'est engagé sur le
terrain, encore peu fréquenté à l'époque, de la théorie des
systèmes formels. Une relecture de ses textes de 1894-1901
à la lumière des acquis, des surprises et des raffinements
des années 1900-1935 serait une entreprise qui dépasse notre
propos et exigerait une grande finesse d'analyse.

Les avatars de la complétude

Tentons tout de même de préciser un point difficile.
Husserl n'a pas clarifié la situation en prétendant que son
concept de « définitude » était tout proche de la « complétude »
qu'il attribue à Hilbert, et que leurs motivations les plus
intimes étaient les mêmes. Le malaise vient au moins autant de
Hilbert que de Husserl.

Qu'entendre par « complétude » au sens de Hilbert ? Il faut
esquisser une généalogie sommaire de ce concept de « complétude » entre 1871 et 1900. Dans la deuxième édition des
Leçons de Dirichlet sur la théorie des nombres, Dedekind
introduit la notion de complétude (*Vollständigkeit*) pour un
corps de nombres : les opérations algébriques conduisent
toujours à des nombres du corps. En 1872, le même Dedekind

---

1. *L'imaginaire en mathématiques*, *Husserliana*, XII, p. 441, *Articles sur
la logique*, p. 503.

rappelle cette définition au début de son ouvrage sur la continuité[1], et il propose d'aller plus loin par «une création de nouveaux nombres, de sorte que le domaine des nombres conquière la même complétude (*Vollständigkeit*), ou comme nous disons également la même *continuité*, que la ligne droite»[2].

Hilbert emprunte un chemin assez voisin, dans son élaboration des fondements de la géométrie en 1899 : sur la base de certains axiomes relatifs aux points, droites et plans, il construit un «calcul des segments» qui permet de construire un corps de nombres, et dans la deuxième édition il ajoute un axiome de «complétude» qui garantit le raccord entre les ensembles de points accessibles par les opérations de ce calcul et les points de la droite usuelle. Cet axiome de «complétude» (*Vollständigkeit*) est énoncé sous forme d'une exigence de maximalité : le domaine qui satisfait aux axiomes ne peut être étendu en préservant les axiomes[3]. Enfin, dans l'appendice VI sur le nombre ajouté en 1900, il parle de la «complétude» du système d'axiomes en un sens qui pourrait s'avérer différent : cette fois le système est complet si les axiomes suffisent à prouver toutes les propositions de la géométrie[4].

À quelle interprétation de la complétude hilbertienne Husserl fait-il allusion lorsqu'il se déclare proche de Hilbert ?

---

1. *Stetigkeit und irrationale Zahlen*, 61, Braunschweig, 1969, p. 6.

2. *Ibid.*, § 3, p. 9.

3. *Grundlagen der Geometrie*, 1913, § 8, p. 22. L'une des formulations de Husserl correspond assez bien à cette version : «la multiplicité (le domaine) ne peut pas être élargie de telle façon que pour le domaine élargi le même système d'axiomes vaille que pour l'ancien», *L'imaginaire en mathématiques*, *Articles sur la logique*, p. 503 (allemand, p. 440).

4. «Dass das System der Axiome zum Nachweis aller geometrischen Sätze ausreicht», *Grundlagen der Geometrie*, 1913, p. 238 (soit deux pages avant l'énoncé de l'axiome de *Vollständigkeit* pour les nombres).

Nous n'avons pas le texte de l'exposé que Hilbert a prononcé quelques semaines plus tôt devant le même auditoire de Göttingen.

Quoiqu'il en soit, il semble que Husserl ait cru pouvoir passer sans autre justification de la détermination totale des objets du domaine (assurée en principe par la « définitude ») à la déductibilité de toutes les propositions à partir des axiomes. Il a cru pouvoir affirmer aussi que l'arithmétique était dotée de « définitude » en ce sens :

> Toute arithmétique, si étroite soit-elle, qu'elle se rapporte aux nombres entiers positifs ou aux nombres entiers réels ou aux nombres rationnels en général etc., toute arithmétique est définie par un système d'axiomes tel que nous pouvons prouver en nous fondant sur lui toute proposition en général qui se construit exclusivement à partir de concepts qui (pris axiomatiquement) sont posés comme valables par les axiomes, toute proposition de cette sorte se situe dans le domaine, c'est-à-dire qu'elle est ou bien une conséquence des axiomes ou bien qu'elle est en contradiction avec eux. La preuve de cette affirmation consiste en ceci que toute formation définie d'opération est un nombre naturel […] [1].

Conclusion

Donnons un résumé un peu provocant : il n'y a pas de nombres imaginaires, il n'y a que des signes vides, assujettis à certaines règles de calcul. Ce n'est pas grave si le domaine de base, celui d'où l'on est parti et auquel on revient au bout du

---

1. *L'imaginaire en mathématiques*, *Husserliana*, XII, p. 442-443, *Articles sur la logique*, p. 505.

calcul, jouit d'une certaine clôture, dont il faudrait préciser la définition.

Dans les textes de Husserl sur l'imaginaire, ce n'est probablement pas la solution, articulée autour de la notion de définitude, qui est la partie la plus claire et convaincante pour un lecteur d'aujourd'hui. Husserl ne l'a d'ailleurs finalement pas publiée, et en a seulement donné des éléments, de manière assez allusive, dans les *Ideen* et surtout dans *Logique formelle et logique transcendantale* (§ 31).

La question par elle-même est très intéressante, et permet de mieux comprendre les motifs et la radicalité de l'entreprise husserlienne. Le calcul avec les imaginaires présente le scandale d'une réussite sans principes, d'une connaissance sans justification. Les procédés de raisonnement qui impliquent des imaginaires sont bien une connaissance, puisqu'ils conduisent au vrai. Comment sait-on que le résultat est vrai ? Il ne contient plus d'imaginaires, il est donc au moins sensé. De plus, dans bien des cas, on peut après coup vérifier directement, c'est-à-dire sans recours aux imaginaires, que la solution est exacte. Il y a donc bien connaissance, c'est-à-dire accès au vrai. Mais c'est par hasard. Le procédé mène au vrai par accident, et non essentiellement.

La probabilité est évidemment très grande. Des générations de mathématiciens ont tâtonné pendant plusieurs siècles, ils ont erré, ils se sont trompés et se sont corrigés, jusqu'à élaborer des critères de sauvegarde. Mais ce n'est pas pour autant une voie absolument sûre. Le soleil s'est déjà levé bien des fois et il se lèvera probablement demain. Mais quelle certitude en ai-je ?

Husserl ne dit pas que les mathématiques sont le modèle de la certitude. Il dit : on croit généralement que les mathématiques sont le modèle de la certitude. Mais elles sont aussi imparfaites que les autres sciences, guidées par l'instinct de l'artisan et par l'acquis d'une longue tradition d'essais et d'erreurs. Le lecteur des *Prolégomènes* devrait être sensible au parfum socratique du début du chapitre I (§ 4). L'artiste, lorsqu'il crée ou qu'il évalue une œuvre, ne se règle pas sur des principes. Il en va de même de toute *techné*, et les mathématiques, « qui passent encore pour l'idéal de toute science », ne font pas exception. Les mathématiques sont un art de connaissance, une *techné* qui conduit au vrai, mais c'est sans savoir pourquoi, sans pouvoir rendre raison de son succès.

Husserl dira en 1928 qu'au moment de rédiger les *Recherches logiques* il désespérait de tout savoir certain. Pourtant une longue pratique ds mathématiques n'aurait-elle pas dû lui donner confiance dans la raison ? Ce n'est nullement le cas, puisque sur deux points au moins, dit Husserl en ce § 4 des *Prolégomènes*, les mathématiques sont en défaut : les fondements de la géométrie et la justification de l'emploi des imaginaires. Impasse du côté des imaginaires, impasse du côté de la géométrie : ce sont les deux livres avortés des années 1890, le volume II de la *Philosophie de l'arithmétique* et le *Raumbuch*. Les praticiens parviennent à des résultats merveilleux, mais ils sont incapables de rendre compte (*Rechenschaft geben*) de la pertinence et des limites de leurs méthodes. Il faut tenter d'atteindre la clarté logique, il faut élaborer une science de la science (§ 5).

Si l'on accepte la science mathématique comme un fait, sans la questionner, on rend les armes devant la réussite (il suffit que ça marche) et on accepte le pur jeu des signes.

On fait de la science une pure technique, dont le calcul avec les imaginaires est une sorte de paroxysme.

Husserl restera fidèle à cette ligne de pensée jusque dans ses derniers textes. La critique de la science moderne, galiléenne, dans le § 9 de la *Krisis*, est dans le droit fil de la discussion des imaginaires et de sa condamnation d'une mathématique aveugle uniquement attachée à ses résultats. Les mathématiciens se sont contentés de la fécondité des opérations, sans exiger une clarification logique. De même, la science de l'époque moderne s'est transformée en une pure technique. Le reproche est double : on a justifié les procédés par le succès, et on a fait confiance aux signes en acceptant de raisonner mécaniquement.

DES GÉOMÉTRIES NON-EUCLIDIENNES À L'ESPACE VÉCU

Comme beaucoup de philosophes entre 1865 et 1900, Husserl a été sensible au scandale des géométries non-euclidiennes, et s'est posé la question de la « vraie géométrie ». Les mathématiciens avaient échafaudé divers systèmes de géométrie, à la suite de Gauss, Lobatchevski, Riemann, dont l'interprétation était loin d'être claire. Si la géométrie est la description de la structure de l'espace réel, il ne peut y avoir plusieurs systèmes concurrents et équivalents. Il faut donc trouver un moyen de choisir.

Le problème de Riemann-Helmholtz

Helmholtz avait proposé en 1866 une voie d'étude. On commence par isoler une ou plusieurs propriétés essentielles de l'espace réel, et on discrimine laquelle des géométries possibles convient, c'est-à-dire vérifie ces propriétés. Inspiré par ses travaux sur la physique et la psychologie[1], Helmholtz proposait de prendre l'invariance des longueurs comme critère décisif. Ainsi sont assurées la possibilité d'un déplacement des corps solides par translation ou rotation et la possibilité d'une mesure par application répétée d'un étalon en différents endroits de l'espace[2]. Helmholtz ajoutait d'autres critères, en particulier l'infinité de l'espace. Si on combine la rigidité des solides avec l'infinité, il ne reste, concluait Helmhholtz un peu vite, que l'espace euclidien, puisque le seul autre espace qui vérifierait la possibilité du transport est l'espace riemannien qui est fermé, donc non infini. La lecture de Beltrami lui montra que d'autres cas sont possibles : l'espace lobatchev-skien, à courbure négative constante, préserve lui aussi le

---

1. En particulier ses recherches sur l'énergie (*Ueber die Erhaltung der Kraft*, 1847) l'avaient amené à discuter les concepts fondamentaux de la physique : l'espace comme relation entre les objets, les situations respectives des corps, le chemin parcouru par une grandeur, le mouvement et le repos absolus et relatifs ; ses recherches sur la psychologie de la vision avaient porté notamment sur la manière dont nous localisons les objets dans un champ visuel. Sur tout ceci voir le remarquable livre de L. Boi, *Le problème mathématique de l'espace*, Berlin, Springer, 1995. L. Boi fait remarquer très judicieusement que si Helmholtz a choisi la distance comme notion décisive, et non les notions de point ou de ligne, c'est peut-être en raison de l'ancrage physiologique de ses recherches ; son espace a ses racines plutôt dans le comportement tactile-moteur et non visuel (Boi, *op.cit.*, p. 354).

2. « Mon point de départ a été la question suivante : comment une grandeur de plusieurs dimensions doit-elle être engendrée lorsqu'en elle les corps rigides peuvent se mouvoir librement partout de façon continue et monodrome, de la même manière que les corps se meuvent dans l'espace réel ? » (Lettre de Helmholtz à Schering, 1868, trad. fr. Boi, *op. cit.*, p. 331), ou en d'autres termes, qui font davantage ressortir les notions de congruence et de mesure : « il faut supposer aux corps de la nature une solidité d'un caractère déterminé et un degré particulier de mobilité pour qu'un système de mesure tel que celui de la géométrie puisse avoir une signification réelle. » (*Ueber die thatsächlichen Grundlagen der Geometrie*, 1866, trad. fr. Boi, *op. cit.*, p. 333).

transport, mais est infini comme l'espace euclidien. La question n'est donc pas tranchée.

Entre temps était parue la dissertation de Riemann « sur les hypothèses qui servent de fondement à la géométrie », où l'on trouvait une mise en forme rigoureuse du critère de Helmholtz. Riemann part d'une notion très générale, celle d'une « grandeur plusieurs fois étendue »[1], c'est-à-dire d'une variation selon plusieurs dimensions (2, 3 ou plus), continue ou non, et sur de telles grandeurs on peut concevoir toutes sortes de « déterminations métriques » ; les « grandeurs spatiales » sont un cas particulier. Dans le cas de l'espace réel, géométrique, il faut restreindre les possibilités abstraites et ne retenir que les déterminations métriques invariantes par déplacement :

> les propositions de la géométrie ne peuvent se déduire des concepts généraux de grandeur, mais […] les propriétés par lesquelles l'espace se distingue des autres grandeurs imaginables (*denkbaren*) à trois dimensions ne peuvent être empruntées qu'à l'expérience. De là surgit le problème de rechercher les faits les plus simples au moyen desquels puissent s'établir les rapports métriques (*Maßverhältnisse*) de l'espace […][2].

Le fait d'expérience choisi est la possibilité du transport (autrement dit l'invariance des solides par translation et rotation), qui se traduit chez Riemann par la préservation des distances entre les points[3]. Riemann définit la distance grâce aux écarts infinitésimaux entre les points, ces écarts étant pris

---

1. Une *« Mannigfaltigkeit »*, ainsi que Riemann la nomme, d'un nom emprunté à Gauss. Cette notion est essentielle à la *Krisis*.

2. B. Riemann, *Œuvres mathématiques*, trad. fr. Laugel, Paris, 1968, p. 281 (trad. fr. modifiée). Texte allemand *in* B. Riemann, *Gesammelte Mathematische Werke*, New York, 1978, p. 273.

3. « Die Voraussetzung, daß die Linien eine Länge unabhängig von der Lage besitzen », B. Riemann, *Gesammelte Mathematische Werke, op. cit.*, p. 276.

le long des « modes de variation » ou « dimensions » définies antérieurement (écarts notés dx, dy, ou dx^1, dx^2, etc.). La mesure d'une distance se ramène alors à l'intégration d'une forme différentielle de distance, une forme quadratique par exemple : $ds^2 = g_{ij}\,dx^i\,dx^j$ (c'est une sorte de généralisation du théorème de Pythagore). Les coefficients g prennent en général des valeurs différentes selon les points de la grandeur en question. Riemann proposait qu'on examine *a priori* diverses possibilités de formes, quadratiques ou de degré quatre, etc. Pouvaient-elles convenir à « l'espace », c'est-à-dire l'espace réel dont traite la géométrie ?

Ainsi était formulé ce qu'on appellerait ensuite le « problème de Riemann-Helmholtz » : trouver les géométries dans lesquelles les déplacements laissent invariante une forme métrique, c'est-à-dire une expression où figurent les produits des éléments infinitésimaux de longueur selon les différents directions. Les mathématiciens se mettent au travail sur ce problème : Sophus Lie, Henri Poincaré, David Hilbert, Hermann Weyl[1].

---

1. Le couronnement de ces travaux sur le problème « de Riemann-Helmholtz » est probablement représenté par les huit conférences que donne Weyl en Espagne en 1922, et qui paraissent sous le titre *Mathematische Analyse des Raumproblems*, Berlin, 1923. La question y est traitée avec les outils de la géométrie infinitésimale et de la théorie des groupes. Lie a rassemblé ses propres contributions à la fin de sa monumentale *Theorie der Transformationsgruppen*, Leipzig, 1893 (Abt. V, p. 393-543). Poincaré donne plusieurs articles sur la question à partir de 1887 (*Bulletin de la Société Mathématique de France*). Hilbert discute le problème de Riemann-Helmholtz dans l'annexe IV de ses *Grundlagen der Geometrie* (reprise d'un article de 1902). Il serait trompeur de laisser croire que le problème de Riemann-Hemholtz est la seule voie d'approche. Il faudrait tenir compte du point de vue nouveau proposé par Klein en 1872 (*Vergleichende Betrachtungen*…, dit Programme d'Erlangen), des recherches sur les systèmes d'axiomes de Pasch en 1882, Wiener en 1891, Hilbert en 1899, de l'école italienne avec Peano, Pieri, etc. Chez les philosophes, l'ouvrage de B. Erdmann représente l'une des tentatives les plus appro-

Les critiques de Husserl

Husserl, pour ses débuts de philosophe, s'est attaqué à ce problème, comme il le raconte en 1887 dans la préface de sa thèse sur le concept de nombre. Il avait d'abord voulu lui aussi clarifier le statut de la géométrie, mais s'était convaincu que le problème était mal posé avec la « célèbre théorie de l'espace de Riemann-Helmholtz » :

> La méthode qu'elle tient pour supérieurement propre à résoudre les questions de principe qui touchent les axiomes de la géométrie, et aussi qu'elle applique, c'est la méthode du calcul analytique (*die analytisch-rechnende*).[…] Cependant de graves doutes s'élèvent ici aussitôt. La méthode analytique en géométrie ne suppose-t-elle pas elle aussi certains faits d'intuition? Manifestement. Comment en effet parviendrait-on autrement à ces prescriptions générales d'après lesquelles chaque figure géométrique peut être définie d'une manière algébrique par une équation, et d'après lesquelles ensuite on peut conclure de chaque relation algébrique à une relation géométrique? Le célèbre instrument auxiliaire fondamental (*Grund-und Hilfsmittel*) de la géométrie analytique qui rend possible la conversion (*Umsetzung*) dont on parle ici, c'est-à-dire la représentation univoque caractéristique de chaque point de l'espace par les mesures numériques de ses écarts à trois « axes de coordonnées » fixes, ne repose-t-elle pas sur des particularités de notre représentation de l'espace, et d'où pourrions-nous abstraire celles-ci sinon des intuitions? Quels sont alors les faits d'intuition sur lesquels s'appuie en dernier

fondies : *Die Axiome der Geometrie, eine philosophische Untersuchung der Riemann-Hemholtzschen Raumtheorie*, Leipzig, 1877.

ressort la possibilité d'appliquer l'arithmétique universelle à la géométrie[1] ?

Riemann et Helmholtz ont prétendu énoncer les « faits » d'expérience qui sont au fondement de la géométrie (la possibilité du transport des solides, de la congruence par déplacement, et l'infinité de l'espace réel), et ils ont cherché un système abstrait qui respecte ces faits, qui les traduise en énoncés mathématiques. Mais la traduction même ne va pas de soi. Comment passe-t-on des relations entre nombres ou grandeurs mesurables à des faits d'intuition ? La correspondance entre courbes et équations doit-elle être acceptée comme allant de soi ? Plus radicalement encore, de quel droit appliquer des nombres à des données spatiales ? Comment effectue-t-on un choix de coordonnées, avec des axes pour les « dimensions », un point origine et une échelle de report des « unités » ? On risque de tomber dans un cercle vicieux si on ne clarifie pas d'abord le rapport de l'arithmétique à la géométrie. Et même, poursuit Husserl, si l'on veut procéder rigoureusement et méthodiquement il faut commencer par « soumettre à l'analyse » les concepts logiquement antérieurs, comme celui de nombre. C'est ce qu'il se propose avec son étude sur le concept de nombre, régressant ainsi du problème de la géométrie à d'autres questions qui lui paraissent présupposées dans la position même du problème.

Les niveaux de l'analyse de l'espace

Le problème de l'espace, si l'on peut ainsi parler, c'est-à-dire le problème de la description théorique de l'espace

---

1. « Sur le concept de nombre », dans *Philosophie de l'arithmétique*, trad. fr. J. English, Paris, 1972, p. 358-359 (trad. fr. modifiée); texte allemand *in* H XII, p. 293-294.

« réel », ce problème a accompagné Husserl toute sa vie depuis cette préface de 1887 jusqu'à la *Krisis* de 1935. Indiquons les étapes principales de ce cheminement, du moins les plus visibles, qui pourraient être :

– la conclusion de la Deuxième *Étude sur la psychologie élémentaire* de 1894, qui livre une infime part des recherches manuscrites de la même époque en vue d'un grand et ambitieux *Raumbuch*, un « livre sur l'espace » (H XXI, deuxième partie, p. 262-311);

– la conclusion des *Prolégomènes* de 1900 (§ 69-70);

– les leçons de 1907 qui deviendront le livre *Chose et espace* (H XVI, 1-293);

– la rédaction par Edith Stein, en 1917, de notes sur la constitution de l'espace (H XVI, 322-336);

– quelques passages des *Méditations cartésiennes* de 1929 (§ 53-54);

– les notes personnelles *Notizen zur Raumkonstitution* de 1934 (manuscrit D 18 publié en 1940-1941 par Alfred Schütz)

– la *Krisis* (notamment les § 9a, 9b et 47, avec l'annexe I sur l'idéalisation).

Ce très long travail est une tentative toujours reprise pour « décrire » comment se constitue pour une conscience cette entité étrange qu'on appelle espace (on hésite à parler d'objet, d'être ou de réalité), et cette description implique une patiente « clarification », c'est-à-dire une lutte permanente contre les confusions entre la géométrie mathématique et la description de l'expérience de l'espace. Il est si difficile de savoir de quoi on parle en ce domaine.

Ce que la *Krisis* propose de faire pour l'ensemble de l'expérience, pour l'expérience du monde vécu dans sa globalité, les textes sur l'espace l'ont déjà entrepris en partie, et fournissent un exemple ou un morceau du travail de description et de clarification qui est requis. Il vaudrait mieux dire peut-être : de clarification et de description, parce que le déblayage doit venir d'abord. Dans la stratégie de la *Krisis* il faut déjouer les malentendus de la science physico-mathématique, défaire les superstructures, les gangues de stuc ou de tartre qui recouvrent les données de « l'expérience pure » avant de pouvoir s'atteler à la description proprement dite.

Husserl parvient en 1894 à l'idée claire qu'il faut distinguer deux niveaux. Les théories alléguées sont insuffisantes à rendre compte de l'origine de la représentation de l'espace,

> puisque aucune des prétendues théories ne va au-delà des généralités, puisque aucune n'envisage d'une manière suffisamment tranchée (*scharf*) le problème propre qu'il faut résoudre, à savoir expliquer l'état de fait psychologique et logique (*den faktischen psychologischen und logischen Tatbestand*) dans sa particularité déterminée.
>
> Le concept de l'espace est le concept d'une multiplicité déterminée d'une certaine manière (*einer bestimmt gearteten Mannigfaltigkeit*) – de quelle sorte ? – définissable par quelles marques distinctives (*Merkmale*) logiques ?
>
> L'espace dans sa teneur (*Bestand*) psychologique d'où le concept provient – mais de quelle manière ? – est un complexe de phénomènes et de dispositions caractérisées par des marques distinctives déterminées – mais par quelles marques distinctives ? Où sont les descriptions ?
>
> Qui a entrepris de fixer ces états de choses psychologiques et logiques, afin de pouvoir ensuite les expliquer, selon leur particularité, et tels qu'ils sont déterminés [1] ?

---

1. *Psychologische Studien zur Elementarlogik*, H XXII, 123 (trad. fr. J. English, *Articles sur la logique*, p. 163)

Deux ordres de questions se présentent : la structure mathématique de l'espace, et l'expérience psychologique de l'espace. Dans un cas il faut préciser des caractéristiques logiques, dans l'autre, selon le Husserl de 1894, il faut préciser « les phénomènes et les dispositions » qui font partie de la teneur empirique de l'espace (nous reviendrons sur les « dispositions »).

La première tâche est plutôt celle du mathématicien, mais Husserl en ces années n'a pas renoncé à y apporter sa part. Il construit, ou plutôt propose programmatiquement la construction de divers types de structures, auxquelles il donne des noms savants. Par ordre de détermination croissante, depuis les agrégats les plus flous jusqu'aux ensembles les plus structurés : les « multiplicités pléthoïdes » (éléments appartenant à une « unité », sans relation d'ordre); les « multiplicités orthoïdes » (dans lesquelles on peut définir des distances entre éléments); les « multiplicités cycliques » (le sens est moins clair, peut-être s'agit-il d'ensembles où pourront exister des directions et des angles) [1]. Il abandonnera ces tentatives assez vite. Il mène également une critique technique de la notion riemannienne d'espace, doutant par exemple que la courbure telle que la définit Riemann suffise à caractériser un espace [2].

Les notions fondamentales font l'objet d'essais de définition, et de tentatives pour établir leur teneur psychologique : comment caractériser la congruence, la distance, la direction ?

---

1. Manuscrit de 1891-1892, intitulé *Mengen und Mannigfaltigkeiten*, H XXI, p. 92-105 (Cantor, son collègue de Halle et ami très proche, est cité explicitement p. 95). Sur le lien entre les variétés « cycliques » et les angles, voir p. 291, l. 19 et p. 292, l. 32.

2. H XXI, p. 337-343 (texte d'un cours de 1889-1890).

L'idéalisation

Husserl s'intéresse au processus d'idéalisation qui aboutit aux êtres géométriques. Il indique deux voies possibles pour l'engendrement de la ligne par exemple : la ligne peut être la frontière entre deux régions d'étendue, ou la limite d'une région très étroite, une bande ou un trait dont on suppose la largeur tendant vers zéro. La ressemblance de surfaces étroites avec des lignes conduit à les prendre pour représentantes des lignes, et c'est plus commode que de manipuler les lignes comme frontières. De même le point peut être considéré comme la « limite idéale d'un processus » :

> Nous progressons de manière « continue » vers le point, l'indivisible. Bien sûr il s'agit d'une hypostase. Nous posons un indivisible comme limite de l'étendue divisible. Mais avec un tel concept idéal nous pouvons justement très bien opérer [1].

Insistons sur le caractère arbitraire, violent pour ainsi dire, de la décision. Le point, la ligne, sont des entités posées dans le prolongement de l'intuition, mais en dehors de l'intuition. Un mathématicien qui a l'habitude de ces procédés de passage à la limite sait qu'il n'y a pas toujours un objet bien défini, « existant », au bout de cette marche continue. Il est clair aussi que l'objet atteint de cette manière peut avoir des propriétés nouvelles. Désormais la ligne tracée sera seulement un représentant très imparfait mais commode, Husserl dit même un « symbole », de la ligne idéale [2].

---

1. Manuscrit *Der Ursprung der geometrischen Vorstellungen und Begriffe* (1893), H XXI, p. 289-290. Sur le point : « Wir kommen "stetig" zum Punkt, dem Unteilbaren. Freilich ist das eine Hypostasierung. Wir setzen ein Unteilbares als Grenze der teilbaren Ausdehnung. Aber mit diesem Idealbegriff können wir eben gut operieren ».

2. Manuscrit *Symbole der Geometrie* (1894), H XXI, p. 294-295. Il peut même y avoir des symboles de niveau supérieur, des symboles de symboles.

On ne passe pas aisément et simplement de l'espace perçu à la géométrie, il faut s'installer par un coup de force dans un domaine différent, grâce à des décisions d'idéalisation. On pose des êtres nouveaux, qui ne se rattachent à la réalité perçue que par des liens très indirects, de représentation ou de symbolisation.

L'expérience de l'espace

Reste maintenant l'autre versant de l'enquête, la description psychologique de l'expérience de l'espace. Husserl s'essaie à la caractérisation précise des propriétés du champ visuel : en quel sens peut-on affirmer qu'il est homogène et continu ? qu'il est infini ou indéfini ? comment naît la troisième dimension de la profondeur ? Husserl tente surtout de décrire le mélange de perçu et de non-perçu, d'effectif et de virtuel qui caractérise l'expérience de l'espace : nous « supposons » que l'espace se prolonge derrière les objets et au-delà des bornes de notre champ effectif. L'étude de l'espace conduit Husserl à une prise de conscience plus large des lacunes et des visées à vide qui font l'essentiel de notre prétendue perception : « Nous croyons percevoir bien des choses que nous ne percevons pas »[1]. L'espace se constitue dans ce jeu de présence et d'absence, à travers les phénomènes d'apparition et de disparition des objets. Comment comprendre ces prolongements, ces anticipations ou suppositions qui débordent constamment le donné ? Husserl hésite au moment de définir les liens qui unissent le donné et le présumé, l'effectif et le visé : y a-t-il un raisonnement (un « mélange d'intuition et de jugement »[2]) ?

---

1. « Ich glaube manches zu sehen, was ich nicht sehe », H XXI, p. 282.
2. *Ibid.*, p. 284 (« durch verwickelte Anschauung und Urteilsprozeß »).

des « dispositions »[1] acquises? un lien de signe à signifié[2]? L'impression effectivement vécue et présente servirait de signe à des impressions possibles, futures ou virtuelles. Ce que je vois serait le signe de ce que je ne vois pas ou pas encore (comme le proposait William James).

En 1900 Husserl est très ferme dans sa distinction entre l'espace de la géométrie et celui de l'expérience empirique. En quel sens y a-t-il plusieurs géométries, peut-on parler de plusieurs espaces? Tout dépend de ce que l'on appelle espace[3]. Si l'on parle des libres constructions de multiplicités, de structures mathématiques avec leur continuité, leur courbure, etc. il y a une diversité indéfinie d'espaces. Mais si l'on parle de notre espace empirique, il n'y en qu'un, et sa structure reste à décrire.

C'est le travail que Husserl entreprend en 1907, dans *Chose et espace*. Les acquis des manuscrits de 1892-1896 sont repris dans le cadre systématique d'une constitution de l'espace vécu, à partir de l'expérience de la chose matérielle et de ses « esquisses ». Comment l'expérience visuelle de l'espace est-elle complétée ou corrigée par l'expérience tactile? Le rôle des mouvements corporels (les « kinesthèses ») et leur lien indissoluble avec la perception vient alors au premier plan : un système étagé de kinesthèses articule les divers espaces de mobilité de l'œil, de la tête, du

1. « Il se forme des dispositions qui nous rendent capables de parcourir les connexions habituelles (*vertraut*) des phases de modification qui s'écoulent l'une dans l'autre, et de faire vivre successivement des portions d'une totalité qui reste idéale » (H XXI, p. 277).

2. *Ibid.*, p. 272-273 et 282-283.

3. *Prolegomena zur reinen Logik*, § 70 (Niemeyer, p. 251).

corps, chacun avec ses degrés de liberté, son point zéro, ses directions, et ces différents systèmes doivent « fusionner ».

Une fois refermé *Chose et espace*, on est encore loin d'un espace homogène, neutralisé et intersubjectif. Il faut d'autres étapes, en particulier il faut que le moi, centre absolu de la spatialité à travers le point-zéro qu'est sa présence corporelle, se reconnaisse comme centre parmi d'autres centres possibles. Je suis centre de perspective, mais d'autres monades le sont aussi. Mon ici absolu est le là-bas pour d'autres sujets[1], l'espace vécu se démultiplie et devient indépendant de mon corps.

En route on a pour ainsi dire perdu la question de Helmholtz : notre espace est-il non-euclidien ? Quelle est la « vraie » géométrie ? On est entré dans le patient travail de la description des vécus et de leurs connexions, on est passé de la philosophie de l'espace des penseurs de 1880 à la phénoménologie proprement dite.

LA CRISE DES SCIENCES ET LA PHYSIQUE NOUVELLE
(APPENDICE IV)

En quel sens y a-t-il une crise des sciences ? Les sciences dans leur vie propre sont-elles touchées par les défauts, les lacunes, les malentendus, dont Husserl fait le diagnostic ? Vers 1890 le jeune Husserl avait le sentiment de prolonger l'exigence de scientificité et de rigueur qui était celui de la science positive elle-même. L'arithmétique et l'algèbre sont mal fondés, la géométrie exige des clarifications. Et si ces

---

1. *Méditations cartésiennes*, § 53-54.

obscurités et ces confusions persistent, le savant risque l'échec au cœur même de son travail technique. Ce fut le cas vers 1870, dans la théorie des fonctions et du potentiel, avec l'usage du principe de Dirichlet instauré par Riemann, dans l'arithmétique supérieure en 1847, avec la factorisation unique des domaines de nombres par Lamé, Liouville, Jacobi. À force d'utiliser sans réfléchir des outils sanctifiés par une longue pratique, à force de les étendre sans précaution à de nouveaux domaines abstraitement définis, le savant risque de se trouver face à une catastrophe dans sa pratique même. Le jeune Husserl était persuadé de rendre service aux scientifiques eux-mêmes par ses efforts de clarification[1].

À l'époque de la *Krisis*, la situation a changé, les préoccupations du philosophe et du savant sont disjointes. Les sciences positives vont leur chemin, elles ne cessent pas d'être scientifiques, nous pouvons continuer à « les admirer comme des modèles d'une scientificité rigoureuse et au plus haut point féconde »[2]. Ce n'est peut-être pas le cas pour la philosophie ou la psychologie, mais pour ce qui est des mathématiques ou des sciences exactes de la nature, qu'y aurait-il à redire ? Mathématiques et physique ont certes connu des bouleversements profonds, mais cela ne touche pas leur essence. Le XIXᵉ siècle s'est laissé aveugler par le succès, la « prosperity » des sciences exactes (§ 2), et les questions qui sont décisives pour une humanité authentique ont été délaissées. Dans la détresse

---

1. On trouvera plusieurs textes très explicites en ce sens : dans l'Introduction de la thèse de 1887 *Sur le concept de nombre* qui évoque « les erreurs dues à l'obscurité où l'on se trouvait quant à la nature des moyens employés et quant aux limites de sécurité (*Grenzen der Zuverlässigkeit*) des opérations », (H XII, p. 290-291, *Philosophie de l'arithmétique*, trad. fr. English, p. 356) ; dans le volume d'études manuscrites et de cours de 1890-1896 sur les mathématiques (H XXI).

2. *Krisis*, H VI, p. 1.

(*Lebensnot*) de notre situation présente ces questions ressurgissent, et les jeunes générations éprouvent de l'hostilité envers ces sciences qui ne peuvent rien apporter, qui n'offrent aucun secours aux hommes d'aujourd'hui. Mais les sciences par elles-mêmes continuent leur chemin, la crise leur est, pourrait-on dire, extérieure.

L'attitude de Husserl est ici différente de celle de Heidegger. En 1927, dans *Être et temps*, les incertitudes des diverses «sciences», les «crises immanentes des sciences» (*immanente Krisen der Wissenschaften*) sont alléguées comme preuve d'un besoin de directions nouvelles [1]. Heidegger évoque successivement les mathématiques, la physique, la biologie, les sciences de l'esprit comme l'histoire, enfin la théologie. Chacune se trouve ébranlée dans ses fondations, à la recherche de principes nouveaux. Les mathématiques connaissent une «crise des fondements»; la physique est forcée de reconsidérer son mode d'accès à la nature, dans la théorie de la relativité; la biologie doit déterminer de manière nouvelle la notion de vivant, par delà le mécanisme et le vitalisme; les sciences historiques de l'esprit sont poussées à une nouvelle conception de la réalité historique; enfin la théologie, retrouvant l'inspiration de Luther, rejette les fondements illusoires livrés par la tradition et cherche à énoncer de manière radicale la situation de l'homme face à Dieu. La «crise» pour Heidegger affecte les sciences elles-mêmes, de l'intérieur. C'est une sorte d'appel à la philosophie, qui doit précéder et guider les sciences positives en indiquant à chacune le «sens d'être» de son domaine et la manière particulière de le questionner. Avec son goût habituel pour la provo-

1. M. Heidegger, *Sein und Zeit*, Tübingen, 1979, p. 9-10 (§ 3).

cation, Heidegger affirme que les crises sont justement la mesure de la scientificité : « Le niveau d'une science se reconnaît au degré auquel elle est susceptible (*fähig*) d'une crise de ses concepts fondamentaux ». Il en va en somme de la science comme du Dasein : l'ébranlement existentiel est le moment de l'authenticité et de la décision, c'est dans l'angoisse que l'on peut s'ouvrir à l'être.

Ce n'est pas ainsi que procède la *Krisis*. Les sciences positives travaillent, découvrent, permettent des outils techniques nouveaux. On peut même admettre, écrit Husserl, que les « sciences de l'esprit » se sont heureusement développées, qu'elles ont remporté des succès, du moins tant qu'elles se limitent à des domaines concrets.

Le seul symptôme vraiment grave à l'intérieur des sciences, le symptôme le plus visible, est l'échec de la psychologie. Les conférences à Prague en novembre 1935 avaient pour titre commun : « La psychologie dans la crise de la science européenne ». En un sens la psychologie a toujours été en crise. Dans la situation présente le diagnostic peut se diriger sur ce point décisif : nous n'avons pas de psychologie, ce qui nous est proposé sous ce nom est sans valeur, entaché de naturalisme absurde, tentant d'expliquer l'homme comme un système physique soumis à des lois causales qui en réalité n'expliquent rien. Toutes les obscurités, y compris certaines obscurités que connaissent les mathématiques, y compris une certaine forme d'« énigme du monde qui était étrangère aux générations antérieures », nous ramènent à « l'énigme de la subjectivité »[1].

L'absence d'une psychologie scientifique trahit un malaise plus vaste, elle est le signe d'un vaste déséquilibre. On

---

1. *Krisis*, H VI, p. 4.

ne peut dire que l'une ou l'autre des sciences exactes soit en crise, c'est l'ensemble du dispositif global de notre savoir et de notre culture qui est en crise.

La physique nouvelle et les « espaces de jeu »

Pourtant un court texte du dossier *Krisis*, l'appendice IV de juin 1936, oblige à nuancer ce tableau, et pourrait même plonger dans la perplexité. Husserl semble avoir pensé que la « physique nouvelle » – on verra qu'il s'agit de la physique quantique – conduit le savant à remettre en doute les préjugés galiléens.

La physique nouvelle est née « des difficultés dans lesquelles la physique classique est tombée lorsqu'elle a voulu prendre en compte les rayonnements nouvellement découverts »[1]. Les présupposés des deux physiques ne sont pas les mêmes, et Husserl, laconiquement, résume : « La physique nouvelle : le réel, dans l'ordonnance spatio-temporelle des êtres en soi, n'est pas déterminable et calculable par avance de manière univoque »[2]. Il faut tenir compte dans les calculs d'un certain « espace de jeu » (*Spielraum*)[3] dans lequel le comportement causal des objets n'est déterminé que globalement (*spielraummäßig*). Il faut se contenter de considérer les évènements ou objets au sein de certains « regroupements » (*Gruppierung*), en leur assignant des « types » (*Typen*) qui

1. H VI, p. 389, trad. fr. Granel, p. 430.
2. « Die neue Physik : Das Reale in der raumzeitlichen Ordnung von an sich Seienden ist nicht eindeutig im voraus bestimmbar und berechenbar », H VI, p. 387, trad. fr. Granel, p. 428-429.
3. Il serait peut-être utile de faire un parallèle détaillé avec un texte annexe du volume *Natur und Geist* (Beilage VI, de 1927, en particulier H XXXII, p. 198) qui évoque l'idée de ces « espaces de jeu » (*Spielräume*), mais apparemment sans référence à la physique quantique.

prescrivent seulement une certaine « probabilité » de comportement, la prescription valant non pour un objet mais pour un
certain « espace de jeu »[1]. Cela ne signifie nullement qu'il y
aurait du hasard, que la causalité exacte serait suspendue. Le
singulier ou l'individuel n'est pas calculable, mais ce qui
arrive à un « complexe typique » pris en bloc est tout à fait
déterminé. Il faut raisonner en termes de liaison ou de disso-
lution de complexes. Ce qui arrive à un individu n'est donc pas
totalement arbitraire, bien que ce soit impossible à calculer. Il
subsiste une règle causale, et le mot de probabilité n'indique
pas une présomption subjective, mais la loi qui vaut pour
un groupe (*Gruppe*). Alors que la physique classique était
« atomiste et mécaniste », déterminant individuellement le
comportement de chaque particule matérielle, la « physique
nouvelle » traite ses objets en les rassemblant dans des
« groupes ». Husserl en tire – peut-être un peu vite – cette
conclusion que la physique nouvelle est moins éloignée de
l'expérience concrète que la physique classique :

> Par là la physique a commencé à faire entrer dans l'idéalisation
> un peu de la teneur des intuitions empiriques du monde des
> corps, cette teneur subsistant [alors] dans l'idéalisation
> mathématico-physique, tandis que cette teneur n'avait [jusque
> là] pas vu son droit reconnu[2].

L'identité des individus ne vaut plus qu'à l'intérieur d'un
certain type. Cette évolution de la physique montre bien que
l'idéalisation et la mathématisation ne sont qu'une méthode,
qui ne peut vaincre et annuler « les relativités de l'intuition »[3].

---

1. H VI, p. 388, trad. fr. Granel, p. 429.
2. H VI, p. 389, trad. fr. Granel, p. 430.
3. H VI, p. 389, trad. fr. Granel, p. 431.

Husserl continue par un commentaire assez énigmatique sur la quantification en physique et la construction étagée des particules et molécules. Il y voit « une typique de construction » qui respecte la « concrétion ». La leçon est que le physicien ne peut plus croire qu'il peut déduire « toutes les concrétions du monde »[1]. Peut-être Husserl veut-il dire ceci : avec les quanta s'impose l'idée d'une taille absolue, la physique doit donc tenir compte d'un concret irréductible à l'intérieur des calculs formels.

Ce texte pose plusieurs ordres de questions, qui débordent notre propos. Marquons tout de même une surprise : Husserl a-t-il l'espoir que la science d'inspiration galiléenne se réforme toute seule, en prenant conscience de ses limitations, et rejoigne progressivement un mode de scientificité plus acceptable à ses yeux ? Vers 1890 il jugeait que les lacunes des sciences mathématiques n'étaient pas seulement l'affaire des philosophes, mais qu'elles risquaient, à terme, de devenir dangereuses, sources d'échecs et d'erreurs, à l'intérieur de la science elle-même. Si l'on n'assure pas la clarté des processus de pensée, on risque de tomber sur des contradictions. Croit-il la même chose de la physique vers 1935 ? Le reste de la *Krisis* (du dossier *Krisis*) semble plutôt aller dans un sens différent : les savants de style galiléen peuvent continuer indéfiniment – et impunément si l'on peut dire – leur travail de tâtonnement pour construire des outils efficaces de prédiction, fondés sur la croyance que la nature est au bout du compte exacte, déterminée jusqu'à la plus infime particule. De son côté la philosophie ou la phénoménologie propose quelque chose d'absolument différent, une science ou une connaissance qui n'a rien de commun avec la prétendue science galiléenne.

---

1. H VI, p. 390, trad. fr. Granel, p. 432

LES EMBARRAS DE L'OBJECTIVITÉ KANTIENNE

(ANNEXE I)

Le dossier *Krisis* contient un document assez ancien[1], trace des pensées qui ont conduit Husserl aux thèses de la *Krisis* de 1936. Ce manuscrit (Annexe I[2]) consigne les stades successifs d'un exercice de pensée, qui est à la fois une réflexion historique, une description phénoménologique de l'expérience et une clarification conceptuelle. Très décourageant à première lecture, il n'était probablement pas destiné à une publication immédiate et garde les traits assez déroutants d'une méditation personnelle[3]. L'argumentation n'est pas linéaire, elle progresse par reprises et approfondissements, en une série de vagues successives. Des thèmes, des objections, des concepts émergent peu à peu.

Dans son déroulement complet le texte est le témoignage d'un échec ou d'une impasse. Du point de départ au résultat on s'est fourvoyé quelque part, il faut constater que le chemin est barré. S'étant mis en route pour une connaissance, une science dont toute vérité serait puisée dans l'évidence, on aboutit à une science sans évidence, une méthode érigée en réalité, qui reconstruit et présuppose.

---

1. Les éditeurs le font remonter aux années 1926-1928. Il faudrait étudier en parallèle un texte contemporain, d'une teneur assez voisine, publié en annexe au cours *Nature et Esprit* (H XXXII, Beilage XV, p. 220-223).

2. Le texte occupe les p. 279-293 dans H VI, les p. 309-324 de la trad. fr. Granel, les p. 301-314 de la trad. Carr. Le titre est probablement des éditeurs (voir ci-après le texte que porte la couverture du manuscrit).

3. Husserl a inscrit en marge quelques indications pour une réélaboration, des signes comme 0 ou une barre verticale, ou en marge du passage sur la logique et les sortes de jugements : « peu clair » (voir H VI, p. 544, concernant les p. 279, l. 16 et 280, l. 20).

Le ressort premier est dans la philosophie grecque, qui a transmis l'exigence d'une connaissance absolument fondée, mais finalement elle lègue une science bancale, où la méthode a remplacé l'expérience. Le patronage des philosophes grecs, présent au début et à la fin du texte, subit une inversion de sens. On démarre triomphalement avec Socrate, et au terme on s'enlise piteusement avec Platon.

La théorie kantienne de l'objectivité

Entre temps est apparue fugitivement l'ombre de Kant, avec une référence aux «jugements de perception»[1]. Cette invocation faite comme en passant donne à notre avis la clef du texte. Husserl est aux prises avec la théorie kantienne et néo-kantienne de l'objectivité.

Comment m'assurer que je perçois des qualités «objectives», que les objets sont effectivement tels que je les ressens, rouges ou bleus, chauds ou froids, etc.? Si je formule des «jugements de perception» qui énoncent ce qui m'apparaît, ce seront seulement des comptes-rendus des impressions qui m'affectent. Je ne serai pas encore sur le terrain d'une connaissance objective. La phrase «cet objet est bleu» ou «cette pierre est chaude» a toutes les chances d'enregistrer simplement des propriétés ou évènements subjectifs, qui dépendent principalement de moi et de ma sensibilité. Au contraire si j'énonce «le soleil échauffe la pierre», «cet objet matériel est pesant», aux yeux de Kant j'ai accompli un pas immense, je suis entré dans l'objectivité. La différence est que dans le second cas la perception est subsumée sous un concept, comme la causalité ou les propriétés

---

1. H VI, p. 285, trad. fr. Granel, p. 315.

nécessaires de la matière; le jugement est devenu objectif, la perception est transformée en « expérience »[1].

Un jugement n'aura de validité objective (*objektive Gültigkeit*) que s'il est passé par le défilé étroit des catégories de l'entendement, si son objet a été encadré dans le réseau des relations nécessaires que gouvernent les concepts et principes de l'entendement pur.

Cette question de l'objectivité est pour les néo-kantiens, aussi bien H. Cohen que H. Rickert, le pivot du système kantien[2].

Husserl lui-même a été longtemps en accord avec cette manière de voir, comme l'atteste par exemple ce passage de la fin des *Prolégomènes* de 1900, à propos de la méthode dans les sciences empiriques :

> Des faits (*Tatsachen*) ne nous sont « donnés » originairement qu'au sens de perceptions (ou pareillement de souvenirs). Dans la perception les choses et les évènements sont présumés se tenir devant nous, ils sont aperçus et saisis pour ainsi dire sans écran. Et ce que nous intuitionnons là, nous l'énonçons dans des jugements de perception; ce sont les « données factuelles » (*gegebenen Tatsachen*) toutes premières de la science. Mais ensuite, au cours du progrès de la connaissance, ce que dans les phénomènes perçus nous reconnaissons comme contenu factuel « réel » (*wirklich*) vient à se modifier; les choses données dans l'intuition – les choses des « qualités secondaires » – n'ont plus alors que la valeur de « simples

---

1. Voir E. Kant, *Prolégomènes à toute métaphysique future*, dans *Œuvres*, t. II, « Bibliothèque de La Pléiade », Paris, Gallimard, 1985, p. 69-73.
2. Voir par exemple H. Rickert, *Der Gegenstand der Erkenntnis*, 3ᵉ éd., Tübingen, 1915 (en particulier le chap. IV, *Die Begründung der Objektivität*, p. 236 *sq.* : comment s'assurer que l'objet est indépendant du sujet connaissant, afin de garantir ce que Rickert appelle la « transcendance » de l'objet ?).

phénomènes » ; et pour déterminer chaque fois ce qui dans ces phénomènes est vrai (*das Wahre*), en d'autres mots pour déterminer *objectivement* l'objet empirique de la connaissance, nous avons besoin d'une méthode qui soit adaptée au sens de cette objectivité (*einer dem Sinn dieser Objektivität angepassten Methode*) et besoin d'un domaine qui sera conquis grâce à la méthode, un domaine qui s'étendra progressivement et qui est le domaine d'une connaissance scientifique selon des lois [1].

Ce passage est une sorte d'appendice sur les sciences empiriques, placé après les longues et novatrices études sur les édifices formels et les « multiplicités ». En 1900 Husserl n'a pas, ou pas encore, autant réfléchi aux sciences de la nature, et reprend sans trop de précautions la vulgate kantienne sur l'objectivité, la méthode et les lois. La teneur du sensible doit subir une sorte de traitement méthodique pour être élevée à l'objectivité.

Cet arrière-plan donne son relief à la discussion méditative de l'Annexe I de la *Krisis*. C'est contre le néo-kantisme, mais d'abord contre lui-même, que Husserl se bat lorsqu'en 1926-1928 il remet en question la place inférieure attribuée aux « jugements de perception » et le rôle de la méthode pour atteindre l'objectivité.

Vérité et concordance

Tentons de restituer les étapes d'un texte particulièrement sinueux et parsemé d'allusions qu'il faut chaque fois éclaircir.

La philosophie grecque s'est mise en quête de l'être comme d'un réel en soi, indépendant des fluctuations subjec-

---

1. Husserl, *Prolegomena zur reinen Logik*, § 72.

tives. C'est une quête de l'être dans le devenir[1], c'est-à-dire de l'identique par-delà les contingences du sensible et de la subjectivité. La découverte des mathématiques pures, des objets entièrement déterminés par les idées, satisfait à cette exigence. Ici Husserl place à parts égales l'élaboration de la logique grecque et la géométrisation du réel[2]. La découverte des formes de jugement, pour déterminer de manière stable les propriétés d'un substrat, est un premier pas. Un autre élément décisif est la mathématisation des grandeurs continues.

Contre la critique sceptique, Socrate indique le chemin d'un retour à l'évidence, par la clarification des essences à partir de la variation des exemples (le bien, le beau, les qualités de l'homme d'état, etc.)[3]. L'essentiel est cet identique qui se préserve à travers les modifications.

Alors naît le besoin d'examiner les conditions de la vérité. Que signifie parler en vérité? Toute vérité est à puiser dans l'évidence, et désormais on nommera « science » une connaissance qui justifie chacun de ses pas, à partir de principes[4]. L'exercice critique fait partie intégrante de ce processus de justification, il assure que ce qui est connu n'est pas seulement présumé ou visé. Des acquis antérieurs de connaissance ne sont admis que si l'on a conscience de toujours pouvoir en produire la fondation.

---

1. « Die Frage nach dem Fluß des Seins im Werden », H VI, p. 279, trad. fr. Granel, p. 309.

2. L'articulation de la logique et des mathématiques n'est pas exposée ici, comme elle l'est dans la *Logique* de 1929.

3. « Das sich am Exempel Klarmachen der Felder reiner Möglichkeiten, die freie Abwandlung, welche die Sinnesidentität, Identität des Gegenstandes als Substrat der Bestimmungen erhält », H VI, p. 280, trad. fr. Granel, p. 310.

4. « Das erkennende Handeln in jedem Schritt aus "Prinzipien" rechtfertigt », H VI, p. 281, trad. fr. Granel, p. 311.

En quoi pouvons-nous dire que la philosophie antique a frayé un chemin? Ici Husserl prend un nouveau départ, et décrit les conditions d'une expérience de l'objectivité[1]. Comment mon jugement singulier peut-il valoir (*gelten*)? À quelle condition mon expérience me donne-t-elle accès à un monde vrai?[2]. L'être ou la réalité n'est qu'un pôle d'approximations infinies, c'est l'identique qui s'esquisse dans la multiplicité des évidences partielles. Il n'est que présumé comme unité des esquisses qui le laissent deviner ultimement.

L'expérience fondamentale est celle de la concordance et de la non-concordance. Il se peut que des approximations ultérieures, de nouvelles esquisses, confirment les précédentes, il est possible aussi qu'elles fassent apparaître une fausseté, et imposent une mise hors jeu (*Ausschaltung*). Le réel est le corrélat, à l'infini, du système total de ces confirmations[3]. C'est l'idée d'un être éprouvé jusqu'au bout dans un accord sans faille des expériences particulières.

Toute expérience suppose une idée ou une forme de ce réel ultime, comme une sorte de pressentiment déclenchant ou de point de départ (*Anhieb*) qui présente d'avance ce qui se trouve à l'infini. L'en soi est présent dans la relativité des expériences. Mais comment?

---

1. Début d'une nouvelle « vague » d'interrogation : « Qu'est-ce donc que la philosophie antique [...] », H VI, p. 280, trad. fr. Granel, p. 312.

2. « Wie kann die erfahrene Welt überhaupt in Wahrheit sein? », H VI, p. 282, trad. fr. Granel, p. 312.

3. « Zur Idee des Realen selbst und ihr als reiner Form gehört korrelativ ein unendliches System von Erfahrungen, die ein System von reiner Einstimmigkeit [...] herstellen », H VI, p. 283, trad. fr. Granel, p. 313.

La nature en soi et la méthode

En posant autrement la question[1] : s'il y a une nature en soi, à quelles conditions doit-elle répondre? À cet endroit Husserl introduit une distinction nouvelle : entre l'être et la méthode (ontologie et méthodologie). On peut se demander à quoi doivent ressembler, *a priori*, les individus qui appartiendraient à cette nature (c'est « l'ontologie »), on peut aussi se demander comment nous aurions accès à eux (c'est « la méthodologie »)[2].

Que serait une nature qui serait à la fois en soi et donnée à l'expérience, non pas une nature suprasensible, mais la nature que nous éprouvons sensoriellement, et qui serait néanmoins nature en soi[3] ?

La même question est posée d'une autre manière encore : « comment la nature mathématique vraie peut-elle être déterminée à partir d'apparences normales? ». Je sais corriger mes propres illusions, pour faire retour à une normalité, je sais confronter mon expérience avec celle d'autrui. Mais que se passe-t-il si cet autre sujet a sa normalité à lui, si par exemple il est daltonien (*farbenblind*) ?

Comment déterminer ce qui appartient réellement à l'objet, c'est-à-dire « ce qui appartient à un identique à travers

---

1. Début d'un nouvel assaut : « Mettre au clair[...] », trad. fr. Granel, p. 313, H VI, p. 283.

2. Husserl oppose « l'ontologie de la nature en soi » et « la méthodologie apriorique d'une connaissance possible de la nature en soi », trad. fr. Granel, p. 313-314 et H VI, p. 283.

3. « Denken wir statt der reinen Natur als Idee (als mathematische Idee, als übersinnliche) eine von erfahrenden Wesen erfahrene Natur als solche, oder nehmen wir eine mathematische Natur als ideales An-sich von Naturerfahrungen », H VI, p. 283, trad. fr. Granel, p. 314.

les modifications des apparences sensibles »[1]? À quelles conditions puis-je être sûr d'avance que toutes les apparences « normales » convergent vers un accord stable ?

La science mathématique de la nature a une réponse à cette question : on transforme les grandeurs continues de la nature en grandeurs exactes (*Exaktmachung der Kontinua*), on transforme aussi les causalités sensibles en causalités mathématiques. À la fin de ce passage Husserl livre laconiquement la clef de la méthode nouvelle : la science détermine l'être vrai grâce à la mesure dans les « koina »[2]. Il s'agit des *koina aistheta*, les sensibles communs d'Aristote, c'est-à-dire les qualités sensibles perçues par plusieurs sens à la fois, comme la grandeur des objets, leur nombre, leur mouvement. Puisqu'ils sont perçus à la fois par la vue et le toucher, on peut leur attribuer une objectivité plus haute et plus robuste. Ce n'est pas la conclusion qu'en tirait Aristote, mais c'est celle que tirent les penseurs du XVIIᵉ siècle, Galilée, Descartes, Boyle, Locke, Spinoza.

Une réduction méthodique est donc nécessaire : il faut transformer les différences éprouvées par un sujet en différences « vraies », il faut trouver un procédé indirect pour traduire les qualités subjectives en qualités mesurables. Les variations de chaleur ou de parfum doivent être « l'indice » ou « l'index » (*indizieren*) de variations quantifiables. Les différences qualitatives doivent recevoir une correspondance, « aller main dans la main » avec des différences quantitatives[3].

---

1. « Was gehörtr zum Identischen selbst bei allem Wechsel der sinnlichen Erscheinungsweisen », H VI, p. 284, trad. fr. Granel, p. 314.

2. « DasWahre bestimmt sich durch Messung in der Sphäre der *koina* », H VI, p. 285, trad. fr. Granel, p. 315.

3. « Mit den qualitativen Unterschieden gehen in gewisser Weise im rohen Hand in Hand quantitative », H VI, p. 285, trad. fr. Granel, p. 315.

Par exemple les notes de la gamme correspondront à des quantités mesurables sur les cordes de l'instrument.

Mais si, fidèles à notre fil directeur, nous nous en tenons à l'expérience effective, à ce qui est effectivement attestable dans cette montée vers la réalité objective, survient une grave objection : ce quantitatif indirect n'est pas éprouvé, il ne se « remarque » pas également par tous les sujets, il n'est accessible « que grâce à la méthode » (*nur durch die Methode*)[1]. Je peux « me convaincre par des méthodes de mesure » que certains rapports quantitatifs sont valides, mais cette validité suppose la méthode. Sans la méthode j'en reste alors aux appréciations subjectives, à ce que Kant appelle les « jugements de perception », privés de cette objectivité qu'il réserve aux « jugements d'expérience ».

Le squelette et les qualités

Tel est le point de vue de la science moderne[2]. Pour qu'il y ait connaissance du même, pour qu'on soit certain d'atteindre une réalité objective stable, il faut s'en tenir à la nature comme chose quantifiable, comme *res extensa*. On ne retient de la nature qu'un squelette, une armature, un bâti (*Gerüst*)[3] spatio-temporel. Les formes géométriques font partie du squelette, et les qualités sensibles sont supposées se modifier et se succéder en conformité – indirecte et secrète – avec le squelette spatio-temporel. En dehors de ce squelette rigidement déterminé, les attributions de qualités sont contingentes (*zufaellig*)[4].

---

1. H VI, p. 285, trad. fr. Granel, p. 315.
2. Début d'une novelle interrogation : « Nous pouvons tout aussi bien dire […] », trad. fr. Granel, p. 316, H VI, p. 285.
3. H VI, p. 285, trad. fr. Granel, p. 316.
4. H VI, p. 285, trad. fr. Granel, p. 316.

On peut dresser la liste des théories scientifiques les plus fondamentales qui auront ce statut, qui seront les théories du «squelette»: la géométrie, la phoronomie (cinématique ou géométrie des mouvements), une forme élémentaire et *a priori* de mécanique (la partie strictement mathématique de la mécanique, sans lois causales inductives).

Pour aller au-delà et construire une science plus complète, il faut mettre en œuvre la méthode indirecte, c'est-à-dire trouver à chaque fois le moyen de relier un phénomène éprouvé à un autre, un phénomène purement qualitatif à un autre qui soit quantifiable. «j'entends une note et je vois un mouvement vibratoire»[1], je constate que la note émise dépend de propriétés quantifiables de la corde. On obtient ainsi du quantitatif, mais du quantitatif par association, qui n'apparaît pas directement sous forme de grandeur étendue. Le lien entre la qualité perçue et la quantité mesurée est une indexation ou indication: le quantitatif est «indiqué» (*indiziert*) par la qualité qui apparaît.

Une qualité n'a droit à l'objectivité que si elle «indique» quelque chose de mathématique. Ce quantitatif n'appartient pas à l'expérience directe que chacun peut effectuer, il peut seulement être atteint sur le fondement des indications, en suivant la méthode proposée.

On peut ainsi ranger les aspects sensibles en deux catégories[2], selon qu'ils sont ou non susceptibles d'une perfection absolue. L'expérience donne toujours du «vague» (*vage*) mais dans le cas des sensibles communs (grandeur, nombre,

---

1. «Ich höre einen Ton und sehe schwingende Bewegung», H VI, p. 286, trad. fr. Granel, p. 317.
2. Début d'une nouvelle «vague» d'interrogation, H VI, p. 287, trad. fr. Granel, p. 317: «Il faudrait distinguer[...]».

mouvement) on peut établir des gradations de perfection qui ont une limite idéale ; ce degré suprême correspond à l'exactitude des concepts géométriques. Une mesure est ainsi possible. Au contraire la limite de perfection d'une couleur ou d'un parfum n'a aucun sens en dehors de l'intuition, elle est toujours donnée avec l'intuition et inséparablement d'elle – qu'on pense à la pratique des échantillons dans le domaine des tissus ou des peintures. « La limite de perfection des caractères secondaires n'est pas mesurable, elle est seulement "intuitionnable" » [1].

Ces deux catégories se caractérisent aussi par leur contingence, leur fragilité devant les distorsions subjectives. Les aspects « primaires », autrement dit les « qualités secondes », sont très dépendants des variations individuelles, très liés à la normalité et l'anormalité de l'expérience.

En des termes légèrement différents : il y a désormais deux sortes de normalité, celle du quantitatif qui sert de présupposition au partage d'une nature commune à tous les hommes, et la normalité toujours contingente qui se réalise quand les hommes parviennent à un accord sur les qualités secondes [2].

Substruction et idéalisation

On est conduit à une mathématisation des apparences, selon une méthode qui permettra d'élaborer une vérité en soi. Cette méthode est « la construction d'un identique à partir des

---

1. « Die Vollkommenheitslimes der sekundären Merkmale ist [...] nicht meßbar, ist überhaupt nur "anschaubar" », H VI, p. 288, trad. fr. Granel, p. 319.
2. « Wir haben zweierlei Normalität : 1) die Voraussetzung der Kommunikation als Gemeinschaftsnatur, dans Notwendige ist hier das Quantitative ; 2) das Zufällige demgegenüber, nämlich Uebereinstimmung der sekundären Qualitäten ist "zufällig" », note, H VI, p. 288, trad. fr. Granel, p. 319.

apparences »[1]. Husserl ajoute en note : cette construction est une « substruction », c'est-à-dire que l'identique ainsi obtenu a été introduit de force, artificiellement, par dessous les apparences sensibles.

La clôture du réel est aussi assurée par là. La forme d'une nature est dessinée par avance, c'est celle d'une totalité mathématique. La mathématique formelle en effet enseigne à construire l'infinité des formes possibles d'objets avec leurs déterminations.

Husserl revient finalement à la philosophie grecque[2]. Elle enseigne à atteindre des vérités nécessaires, dont le contraire serait absurde (*Widersinn*, *Absurdität*), et ceci se réalise d'abord dans les mathématiques, géométrie et arithmétique. On apprend à faire des comparaisons exactes de grandeurs, en les ramenant à des comparaisons de nombres, avec des unités substituables et supposées identiques. L'exactitude toujours relative de la mesure pratique, qui dépend à chaque fois du but poursuivi, est remplacée par une exactitude absolue. L'arpenteur n'a besoin que d'égalités vagues et « typiques », il se peut que mille des unités utilisées en pratique, si on les ajoute, donnent finalement une erreur sensible ; le mathématicien refuse ces à peu près, il présuppose des unités absolument fixes et idéales.

De la sorte s'effectue une « idéalisation » et une « logification » (*Logifizierung*) : on atteint des vérités rigoureuses, on s'installe dans une nécessité et une universalité où les propositions fausses se révèlent visiblement (*einsichtig*) comme des

---

1. « Einer konstruktiven Methode, um aus Erscheinungen das Identische […] zu konstruieren », H VI, p. 288, trad. fr. Granel, p. 319.
2. C'est la dernière « vague » de cette longue méditation : « Dans la philosophie antique […] » (H VI, p. 289, trad. fr. Granel, p. 320).

contradictions[1]. La signification des mots n'est plus vague et fluente (*vage*, *fließend*) comme dans la vie courante[2], désormais on sait précisément ce qui tombe sous chaque concept.

Mais la question est alors celle du rapport des concepts au réel de l'expérience :

> des concepts logiques {comme ceux dont nous parlons} ne sont justement pas des concepts empruntés à ce qui est directement et immédiatement (*schlicht*) visible, ils émergent (*erwachsen*) grâce à une activité propre de la raison, la formation d'idées (*Ideenbildung*), la création de concepts exacts, par exemple par cette idéalisation qui crée, en face du droit et du courbé empiriquement vagues, la droite géométrique et le cercle géométrique[3].

Le géomètre ne s'aperçoit pas qu'il a créé quelque chose de nouveau, qu'il est entré dans un domaine totalement différent, que ses concepts ne concernent plus les formes du monde réel de l'expérience.

L'idéalisme platonicien était, lui, conscient de cet abîme entre les idées et le réel physique qui ne fait que s'en approcher, qui y participe plus ou moins. Il a montré la voie de ce changement de sphère, en enseignant que les idées étaient les normes des vérités empiriques. Si l'on prend l'exemple des

---

1. « Jeder Negation das Zeichen des Widersinns anheften, und einsichtig anheften konnte » (Granel p. 321 traduit *einsichtig* par « dans une vue théorique », Carr p. 311-312 : « insightfully so »).

2. « Die natürlich erwachsenden Wortbedeutungen sind vage, fließend », H VI, p. 290, trad. fr. Granel, p. 321.

3. « Aber logische Begriffe sind eben keine dem schlicht Anschaulichen abgenommenen Begriffe, sie erwachsen durch eine eigene Vernunfttätigkeit, die Ideenbildung, die *exakte* Begriffsbildung, z. B. durch jene Idealisierung, die gegenüber dem empirisch vagen Geraden und Krummen die geometrische Gerade, den geometrischen Kreis erzeugt », H VI, p. 290, trad. fr. Granel, p. 321.

formes des objets, je puis croire qu'un objet a plutôt telle forme, et un examen plus poussé me montrera qu'en réalité il est plutôt d'un autre type (dans le monde de l'expérience effective il n'y a pas de principe de tiers exclu[1]). Rien ne me permet de dire qu'absolument parlant l'objet a telle forme, je me contenterai de dire que je l'éprouve comme ayant plutôt tel type de forme. Si l'on platonise, en adoptant la nouvelle attitude, on déclarera qu'en réalité l'objet a une forme exacte et vraie – que je ne connais pas encore –, pour autant qu'il participe à une forme idéale. Sous chaque forme spatiale de l'expérience je place (*unterlegen*) l'idée d'une forme exacte.

Cette longue méditation historique et phénoménologique, Husserl ne savait peut-être pas trop où elle le menait. Après coup il en a vu l'unité, et sur la couverture du dossier il a écrit :

> Le thème véritable : la nature sensible, effectivement expéri-
> mentée dans le relativisme du proche et du plus éloigné. L'être
> vrai dans la vie pratique – l'être vrai en soi par opposition au
> relativisme [...] La nature des intuitions empiriques se trouve
> logifiée par les idéalisations. [...][2].

La science galiléenne a confondu l'être et la méthode ; au nom de l'objectivité, elle a pris pour un « en soi » ce qui était supposé par son fonctionnement même. Plus que Galilée, cette remise en cause atteignait la doctrine kantienne de l'objectivité, et conduisait à une redéfinition radicale de la connaissance.

---

1. Husserl a fréquenté Weyl et Brouwer, et il se pourrait que ces idées sur le tiers-exclu, sur la témérité qu'il y a à affirmer d'avance et dans l'absolu une proposition impossible à constater effectivement, doivent quelque chose aux débats sur l'intuitionnisme. Ici Becker aurait pu jouer un rôle, et nous savons par exemple que Husserl lit ou relit en mars 1937 un texte de Becker sur l'existence mathématique – malgré tout ! (*Husserl Chronik*, p. 484).

2. H VI, p. 544, remarque sur la p. 279 (ni Granel ni Carr ne traduisent ce texte).

UNE AUTRE SCIENCE?

La science galiléenne, finalement, est-elle une connaissance? Husserl continue à soutenir que les sciences modernes de la nature ont droit à notre respect et notre admiration, il fait l'éloge de la relativité générale, il s'intéresse aux étonnantes ouvertures de la physique quantique. Mais son diagnostic est net: la science mathématique de la nature est une admirable technique d'induction, dont la rationalité laisse à désirer[1]. L'idéal grec de la *theoria* et de la rationalité a été perverti, «aliéné» (Husserl parle d'une *Veräußerlichung* ou d'une *Entfremdung*), embrouillé comme une écheveau qui s'emmêle (*Versponnenheit*)[2]. La réflexion critique sur le fondement de cette science, la clarification des actes et des détours qui ont permis un triomphe si ambigu, voilà la tâche qui s'impose.

Galilée et ses successeurs se tiennent délibérément à la surface des choses, ils ont accepté et généralisé le mode si indirect de relation et de vérification que la géométrie entre-

---

1. Voir la conférence de Vienne, H VI, p. 343, trad. fr. Granel, p. 378; trad. fr. Ricœur, p. 86.

2. H VI, p. 347, trad. fr. Granel, p. 382.

tient avec la réalité. Un « vêtement d'idées » a été étendu sur le monde réel. Aux contours vagues des objets on a substitué des formes-limites irréelles, et les connexions entre les aspects ou les évènements ont été remplacées par des correspondances, fortuitement devinées, entre des variables quantitatives associées arbitrairement aux phénomènes. Le fruit de ces « découvertes » si ingénieuses[1] a été rassemblé dans des formules, qu'un calcul aveugle manipule pour obtenir des prédictions. Ces succès techniques ne font pas de la science moderne une véritable connaissance rationnelle.

Les recherches antérieures de Husserl depuis 1890, les patientes analyses du calcul algébrique, de l'espace, de l'objectivité, dont nous avons esquissé les traits principaux dans les pages qui précèdent, donnent encore plus de poids au diagnostic. On ne peut soutenir que Husserl ait trop légèrement changé de point de vue, dans l'urgence des années de tempête et sous l'influence de courants nouveaux. La critique de la science galiléenne dans le § 9 de la *Krisis* rassemble des éléments épars, parfois peu explicités, dans les travaux antérieurs du philosophe. Les reproches adressés sont déjà exposés dans ces textes : une confiance purement pragmatique dans des calculs aveugles (c'est la leçon de l'étude critique des imaginaires), un édifice d'idéalités substitué à l'espace de l'expérience (c'est le résultat de la recherche sur les géométries), une méthode confondue avec la réalité (c'est la conclusion de la réflexion sur la théorie néo-kantienne de l'objectivité).

L'exigence de revenir aux choses mêmes, de toujours se ramener à un sol d'expérience ou d'intuition, a servi de guide

---

1. « Ingénieux » ne serait pas une trop mauvaise traduction pour *kunstmäßig*. La science galiléenne est du côté de l'art, de l'artifice, des ressources illimitées de l'ingéniosité qui devine, opère, bricole, tâtonne, associe – sur le fond d'une croyance métaphysique qui a servi de garantie.

à ces analyses et ces critiques. Au cours de ces enquêtes a émergé peu à peu une autre voie, une autre systématicité, une autre forme de connaissance : la phénoménologie elle-même, qui est apparue, d'abord sourdement puis plus nettement, comme une alternative ou une rivale de la science moderne. La *Krisis* donne un nom à cette autre science : ce serait la science du « monde de la vie ».

Le terme de vie n'est pas à prendre ici au sens de la *Naturphilosophie*, et Husserl ne procède pas selon la stratégie de Goethe, Hegel ou Schelling, pour qui la « vie » est une étape dans la gradation entre matière et esprit. Chez Hegel par exemple, le système solaire témoigne d'une forme élémentaire de vie et de spontanéité libre, les plantes représentent un degré plus affirmé et plus déterminé dans la montée vers l'esprit, etc. Husserl connaît ces gradations, il mentionne la théorie antique de l'âme, une âme vitale qui était partie intégrante du cosmos, et grâce à laquelle le monde n'était pas comme chez Galilée ou Descartes scindé en matière et esprit [1].

La vie dont il parle est bien en un certain sens comparable à l'unité d'un organisme vivant, mais l'unité en question est celle qui rassemble de manière indéchirable le « tissu » global de l'expérience, pour un moi qui en est la source et qui est joint indissolublement au monde qui prend par lui son sens [2]. La vie du « monde de la vie » est une vie transcendantale, on n'accède pas à l'esprit en animant la matière, mais si l'on peut dire, en traversant le miroir, grâce à la prise de possession par lui-même de l'Ego connaissant, dans ses actes et ses connexions.

---

1. H VI, p. 62, trad. fr. Granel, p. 70.
2. Voir la fin du § 29 de la *Krisis*.

PERCEPTION ET INTERPRÉTATION

Il n'y a qu'un seul monde. Je peux faire de la géométrie, en circulant dans un monde d'idéalités, je peux voir jouer Hamlet sur les planches du théâtre, je peux calculer avec des formules la trajectoire d'un mobile sphérique dans un espace exact et purifié, je devrai toujours revenir, en dernière instance, au monde commun et unique de l'expérience. Les mondes partiels prennent finalement leur sens et leur validité à partir de ce que Husserl nomme le « monde vécu » ou « monde de la vie ».

Mais la science d'inspiration galiléenne a réinterprété le monde de l'expérience, elle a réinterprété jusqu'à l'expérience elle-même. Par une sorte de perversion [1], elle a prétendu retirer à la connaissance le sol qui est le sien. La théorie de la perception de l'époque classique, chez Descartes et ses successeurs, a cru bon d'apporter à la science galiléenne un supplément philosophique, une doctrine de la connaissance qui justifie par avance la physique nouvelle. Le § 9 de la *Krisis* y fait allusion brièvement dans une note sur les data sensibles et dans un passage plus long vers la fin du paragraphe, où la doctrine de la subjectivité des qualités sensibles est attribuée à Galilée et à Hobbes [2]. La psychologie d'inspiration galiléenne, matérialiste et mécaniste, considère les phénomènes de sensation comme des effets éloignés et subjectifs des processus réels qui ont lieu dans la « vraie » nature ; elle annule ainsi par avance la valeur (*entwertet*) de nos expériences. Les sensations gardent encore une signification (elles ne sont pas totalement *bedeutungslos*), mais seulement comme des « annonces », des signes

---

1. En un sens assez fort et précis du mot perversion : on échappe à la loi par une esquive, en effaçant ou annulant l'instance – ici l'expérience – qui justement permettrait une mise à l'épreuve et une vérification.

2. H VI, p. 26 et 54 et trad. fr. Granel, p. 35 et 62-63.

qui font connaître très indirectement et infidèlement (*falsch*) un «en-soi» caché derrière le monde de l'expérience. On introduit une gradation entre la valeur des sensations : les sensations visuelles et tactiles donnent accès, en se combinant, à la corporéité, elles révèlent les contours géométriques, la taille, la disposition spatiale, le mouvement des choses réelles ; au contraire les autres sensations comme l'odeur ou le son, ou même le visuel seul (pour la couleur) ou le tactile seul (pour la rugosité ou la chaleur), doivent être réinterprétées et ne disent rien directement de l'objet.

Galilée et la subjectivité des qualités

Déjà chez Galilée lui-même les qualités des corps sont réparties en deux catégories, selon leur degré de réalité. Il compare les sensations subjectives à un simple chatouillement dans le *Saggiatore*[1] de 1623 : mon impression de chaud ou l'odeur que je sens, sont aussi peu objectives qu'un chatouillement, qui est «entièrement de notre côté» (*quella titillazione è tutta di noi*) ; elles ne correspondent à rien de réel, elles trahissent seulement un effet de surface, à l'interface entre mon corps et la chose. Le chaud «n'est pas un accident, une affection ou une qualité qui réside réellement dans la matière». Quelles sont les qualités qui subsisteraient même sans corps sensitif, les «accidents premiers» des corps matériels ? Dès que je «conçois» (*concepisco*) quelque chose de matériel ou corporel, je suis obligé de le supposer avec certains attributs : figure, taille, lieu, temps, mouvement, contact avec un autre, nombre ; mais sa couleur, son goût, son odeur, le bruit

---

1. Galilée, *Saggiatore*, éd. Naz. VI, p. 347-350. On retrouve chez Descartes l'assimilation des qualités secondes à un chatouillement.

qu'il fait, tous ces attributs résident seulement dans le corps qui les ressent (*nel corpo sensitivo*).

On peut alors réduire, au moins en principe, les qualités secondes à des effets de qualités premières. Odeur ou saveur sont le résultat d'une certaine combinaison ou mouvement des particules étendues, définies par leurs seules qualités premières : « Pour que les corps extérieurs puissent exciter en nous les saveurs, les odeurs et les sons, il n'y a pas besoin d'autre chose, à mon avis, que de grandeurs, de figures, de multitudes, de mouvements lents ou rapides »[1]. Ce tri entre qualités premières et secondes est repris, avec des présupposés et des nuances diverses, chez Descartes et Locke[2].

Une certaine dévalorisation de la perception est donc corrélative au dispositif galiléen : ce n'est pas le monde exact que nous percevons, la sensation ne donne pas accès directement aux réalités ultimes dont parle la science du monde physique. Notre expérience sensible a besoin d'être rectifiée, sous la conduite de la physique nouvelle et de ses présupposés. Puisque la nature est faite de réalités exactes, inaccessibles à une intuition directe, il faut « expliquer » la sensation comme un processus physiologique, et faire le raccord avec la perception psychologique via un jeu de codage, de déchiffrement de signaux qui sont émis par les choses réelles. La table est constituée d'atomes, que nous ne voyons pas mais qui sont la vraie réalité. Ces atomes nous affectent, ils entrent en contact

---

1. « Ma che ne' corpi esterni per eccitare in noi i sapori, i odori, e i suoni, si richiegga altro, che grandezze, figure, moltitudini, e movimenti tardi, o veloci, io non lo credo », éd. Naz. VI, p. 350.

2. Galilée ne dit pas tout à fait la même chose que Descartes ou que Locke ; en particulier il associe les quatre éléments à quatre sens : la terre pour le toucher, l'eau pour le goût, le feu pour l'odorat, l'air pour l'ouïe, et il réserve à la vue un cinquième élément ou quasi-élément, la lumière. Voir le commentaire de William Shea in *La révolution galiléenne*, Paris, Seuil, 1992, p. 138 *sq.*

de manière physique avec la surface de nos organes, mais ce n'est pas cela que nous percevons. Pour percevoir l'objet dans sa réalité, nous avons à déchiffrer la sensation ou l'impression, comme on décode un langage. Les impressions sont les « signes » des réalités.

Husserl critique cette théorie par deux voies : d'une part en maintenant que l'expérience est la seule garantie de validité de toute théorie – on pourrait nommer cela la voie logique – d'autre part en cherchant les caractères descriptifs de la perception – une voie plus phénoménologique.

En premier lieu, si l'expérience même est vidée de sa valeur, le sol se dérobe. L'expérience est-elle le point de départ ou le produit de la science de la nature ? Husserl objecte à cette doctrine sa circularité : on présuppose la science de la nature pour donner une reformulation de l'expérience, alors que cette même expérience doit fonder et justifier la science [1].

La critique prend aussi la forme et les instruments de l'analyse phénoménologique de la connaissance. Husserl montre que la perception ne peut être un déchiffrement de signes, et qu'une description fidèle de la perception permet de distinguer nettement entre percevoir et interpréter. Husserl a découvert dans les années autour de 1900 le danger d'une confusion de la perception avec un jeu de signes, il a acquis progressivement une conscience plus nette de l'importance de la distinction.

---

1. Reproche adressé à Locke dans la *Philosophie première*, H VII, p. 97.

L'impression sensible est-elle signe de l'objet?

La proximité et la différence entre sensation et signe forment un point-clé de la phénoménologie. Comme nous l'avons vu, Husserl a envisagé vers 1890, pour décrire la constitution de l'espace, de traiter la face effectivement perçue de l'objet comme un signe de la face non perçue, visée à vide. Il a discuté concurremment plusieurs analyses possibles : le lien entre éléments effectivement perçus et éléments visés à vide pourrait être une disposition, ou un raisonnement, ou encore une relation de signe à signifié. Une sensation servirait alors de signe à une autre, ou de signe de l'objet total (*Hinzeichen*)[1].

Dans les *Recherches logiques* de 1901, le parallélisme entre les actes de perception et les actes de déchiffrement de signes court à travers l'ensemble des six recherches, et l'agencement même de l'œuvre témoigne de cette essentielle proximité entre perception et interprétation. La perception est traitée comme un acte « donateur de sens », une saisie (*Auffassung*) ou un déchiffrement (*Deutung*) qui décèle une unité de sens dans une pluralité de données hétéroclites et dispersées. Le matériau est repris, doté d'un sens unitaire, au cours d'une expérience d'aperception ou de saisie qui ressemble de très près à la saisie d'un sens dans un arrangement de signes[2]. J'ai devant moi des taches de couleur, des ombres et des traits ; tout à coup j'y vois un objet. Le donné d'impressions brutes est « animé », il reçoit un « caractère d'acte » qui lui confère la

---

1. Voir H XXI, p. 272-273 et 282-283 (textes de 1892-1893). Cette conception de la sensation comme signe a des antécédents chez Berkeley et plus directement chez W. James (*Principles of psychology*, II, p. 259).

2. Voir notamment la cinquiéme Recherche « sur les vécus intentionnels », chap. 2, § 14, etc.

«signification d'un objet», il est pourvu d'un «sens de saisie», d'une «Bedeutung» (les ressentis – *Empfindungen*, *Erlebnisse* – de rouge, de rugueux, de circulaire, sont rassemblés et saisis – *aufgefaßt* – par une «interprétation» qui en fait un objet unitaire). Les vécus, les ressentis bruts sont traités dans ces descriptions comme des signes de l'objet.

Mais Husserl a déjà conscience du danger de ce point de vue : la perception est une interprétation, mais en un sens tout à fait impropre.C'est le thème du paragraphe 23 de la première *Recherche Logique* de 1901, «Sur l'expression et la signification»[1]. On pourrait imaginer un être qui ressentirait sans percevoir. Il aurait des impressions brutes qui ne seraient pas rapportées à des objets, il n'accomplirait pas la «saisie objectivante». Percevoir c'est transformer ce qui est simplement vécu en signes de l'objet, «animer» le matériau en le faisant vivre par l'effet d'une visée ou d'un vouloir-dire (*Meinen*). En un sens on peut donc dire que la perception d'objet et le déchiffrement d'une inscription sont des processus comparables, que ce sont des formes de l'acte de comprendre (*Verstehen*); mais :

1) lorsqu'il y a interprétation au sens véritable, cela suppose deux actes bien distincts de saisie, un premier qui saisit l'objet physique (la tache d'encre, les traits comme réalité corporelle), et là-dessus un deuxième acte, «fondé» sur le premier, qui donne à cet objet physique une valeur de renvoi, qui lui fait désigner au-delà de lui-même. Il y a donc dans le «comprendre» signitif deux actes de saisies étagés l'un sur l'autre. Au contraire la perception est un acte unique, et les impressions ou les vécus ne sont pas eux-mêmes saisis comme des objets de premier niveau.

1. Trad. fr. p. 85-87

2) Il y a entre les traits du vécu (des impressions ressenties) et les traits de l'objet, une certaine sorte d'analogie ou de parenté, un lien naturel et intrinsèque qui n'existe pas dans une relation de signe à signifié.

Plus tard, Husserl fera souvent référence en passant à la vieille théorie erronée de la sensation comme signe, par exemple dans les *Idées* de 1913 :

> Une image-portrait ou un signe renvoient à quelque chose qui se trouve en dehors d'eux et qui pourrait être saisi « en personne » si l'on passait à un autre mode de représentation, à l'intuition donatrice. Un signe et une image n'« annoncent » pas dans leur ipséité (*Selbst*) l'ipséité de ce qui est désigné ou dépeint par l'image. Au contraire la chose physique n'est pas étrangère à ce qui apparaît corporellement aux sens ; elle s'annonce dans cette apparence, et même *a priori* (pour des raisons éidétiques irrécusables) ne s'annonce de façon originaire qu'en elle [1].

Un signe tient lieu, il représente provisoirement et doit pouvoir en principe laisser place finalement à l'objet lui-même, lorsque l'objet pourra être présent « en personne »

---

1. *Idées* § 52, trad. fr. p. 173. Dans ce passage Husserl utilise, pour la première fois à notre connaissance, la notion de « substruction »(*instinktive Substruktion, Idées* § 52, trad. fr. p. 173 ; H III, p. 123) : dans les théories « réalistes » si répandues, l'apparence est le signe d'autre chose, l'effet d'une cause cachée par en dessous ; il y a derrière les apparences une réalité que l'on ne peut caractériser que de manière indirecte et analogique, par des concepts mathématiques. Alors ce qui est réellement perçu, effectivement donné, n'est qu'une apparence, « instinktive Substruktion » de quelque chose d'autre. Ricœur traduit : « la base instinctivement pressentie » (il suit Boyce Gibson : « instinctive basis »). Comment comprendre ces termes ? Il s'agit peut-être d'une théorie à la Berkeley (qui intéressait beaucoup Husserl) : les impressions sont des signes, et un instinct nous pousse à les interpréter comme désignant indirectement une réalité extérieure à nous. C'est peut-être la première occurrence, dans les ouvrages de Husserl, de ce terme de *Substruktion* si important dans la *Krisis*.

(*selbst*). On pourrait dire en simplifiant : le signe et l'objet signifié sont deux choses de même rang, qui sont extérieures l'une à l'autre et doivent venir à la place l'une de l'autre, alternativement. Au contraire les apparences sensibles ne sont pas les représentants des objets.

Le déroulement cohérent des esquisses

Dans les textes rassemblés sous le titre *De la synthèse passive*, Husserl explique comment les données de sensation (ou d'impression, *Empfindungsdaten*) multiples et changeantes permettent à un objet ou un fragment d'objet de « s'exposer » : « en elles s'expose, sur le mode propre de l'esquisse, quelque chose qu'elles ne sont pas elles-mêmes [...] grâce à la conscience qui pour ainsi dire les anime (*beseelt*) »[1]. Mais il met en garde une nouvelle fois contre une conception qui ferait de la perception un jeu de signes : « Il est dangereux de parler ici de représentant et de représenté, d'une interprétation (*Deuten*) des données d'impression [...] S'esquisser, se présenter dans des données d'impression, c'est tout à fait différent d'un interpréter signitif »[2].

Un matériau sensible servant d'« esquisse » perceptive et un signe linguistique ou logique ont en commun cette sorte de dynamisme qui les porte au-delà d'eux mêmes. Mais si le phénoménologue parvient à analyser assez finement le jeu des renvois et des indices dans la perception, il arrivera à distinguer le fonctionnement perceptif d'un fonctionnement signitif. Dans le déroulement d'une perception d'objets, la face qui est effectivement perçue « fait appel », « renvoie », « indique » quelque chose de la face non encore perçue, par

1. *Analysen zur passiven Synthesis*, H XI, p. 17 ; trad. fr. p. 107.
2. *Ibid.*

exemple en laissant pressentir une coloration encore indis-
tincte, que la suite des actes de remplissement intuitif permettra de confirmer ou infirmera[1]. Les faces successivement
perçues s'enchaînent de manière cohérente, en s'appelant plus
ou moins l'une l'autre, par un système de renvois. Chaque
donation partielle « renvoie » à d'autres donations possibles,
non encore effectuées. Mais c'est un jeu d'indice entre les
faces perçues et non encore perçues, pas un jeu de signe entre
la face perçue et la chose. Les faces s'indiquent l'une l'autre,
elles n'indiquent pas la chose. De plus quand une face est
effectivement donnée, et vient remplir, confirmer ce qui était
visé à vide, alors une autre face de l'objet retourne dans
l'ombre. La chose, l'objet unitaire qui s'annonce ou s'expose à
travers ce déroulement d'esquisses successives, est transcen-
dante à cette série de présentations partielles, et ne sera jamais
épuisée, jamais donnée totalement, – alors que l'on peut
espérer que l'objet visé par un signe sera finalement là en
personne, à la place du signe qui en tenait lieu. D'autre part,
dans le cas d'un signe, le remplissement de la visée à vide est
en général prescrit de manière stricte (il y a un ordre unique
pour donner sens à une formule, ou pour lire et donner son sens
à une phrase), alors que le jeu de renvois entre les esquisses
perceptives est ouvert à plusieurs directions possibles, selon
plusieurs chemins virtuels de remplissement ultérieur. Au
cours de la perception d'un objet, la configuration de pleins et
de vides se recompose, se redistribue d'instant en instant, mais
avec la subsistance d'une visée unitaire dirigée sur la chose
une et identique qui reste le foyer organisateur, jamais donné

---

1. Voir *Méditations cartésiennes*, § 19 ou *Expérience et jugement* § 18. Le
texte le plus explicite se trouve dans les *Analysen zur passiven Synthesis*,
H XI, p. 3-24.

lui-même effectivement et complètement au sens où une face peut être donnée lorsqu'elle vient à son tour sous le regard. Cependant c'est bien la chose elle-même qui se donne ainsi, nous en avons la croyance certaine. L'objet lui-même, *selbst*, advient à travers la suite des esquisses, mais pas comme mis à la place de ce qui tenait sa place, pas comme la chose qui apparaît enfin à la place du mot.

Ces analyses un peu techniques peuvent servir à illustrer ce que Husserl appelle dans la *Krisis* les « corrélations » de l'expérience [1], et qui constituent le tissu continu de notre expérience du monde – plus élémentaire, plus subtil et plus imprévisible que la prévision inductive de la science galiléenne. Une objectivité commence à se construire dans ces processus d'esquisses, de renvois et de confirmation, mais ce n'est pas l'objectivité donnée par avance de la physique mathématique, celle qui est revendiquée par les néo-kantiens. En entrant dans cette « vie » de la subjectivité à l'œuvre, on se met à faire l'expérience réflexive de ce qu'est le « monde de la vie », on entre dans la scientificité déroutante de la phénoménologie.

SCIENCE IDÉALISANTE ET SCIENCE DESCRIPTIVE

L'annonce d'une science du monde de la vie est l'aboutissement, la radicalisation d'une distinction qui apparaît, de manière énigmatique, dans des œuvres antérieures de Husserl, sous la forme d'une distinction entre deux sortes de science.

---

1. Voir les § 44-49 de la *Krisis*.

Idéalisation et description dans les Idées directrices

Le grand ouvrage d'introduction et de méthode de 1913, les *Idées directrices*, contiennent dans les § 73-75 un passage un peu délicat à interpréter, en apparence mal relié au reste, sur l'opposition entre la science exacte et la phénoménologie. Une science exacte possède certains traits : système d'axiomes avec déduction ; délimitation de « figures fondamentales » et dérivation des autres figures par construction. Cela suppose une dérivation logique de type médiat, les conséquences ne peuvent être saisies par une intuition. Et Husserl demande si cette sorte de science correspond à ce qui est exigé de la phénoménologie. Peut-on appliquer une telle science au flux de conscience ? Plus généralement, Husserl déclare que le rapport est encore mal compris entre science explicative et science descriptive [1].

Un contraste est dressé de manière plus systématique entre géométrie et science descriptive (§ 74) : les concepts géométriques sont idéaux, ce sont des concepts-limites, inaccessibles à un voir (p. 236-237). Au contraire les concepts descriptifs doivent respecter le caractère fluent des données intuitives, et ne les enserrer que dans des types, qui resteront toujours « vagues » par leur nature même. La phénoménologie « respecte la plénitude concrète » (p. 239). Ses concepts sont rigoureux, mais non exacts, et ne se prêtent pas à l'élaboration d'une théorie déductive. Certes il peut y avoir des conclusions médiates en phénoménologie (p. 240), mais seulement pour amener à voir, pour « conduire à la rencontre des choses » (p. 240). C'est toujours une « vision effective » qui doit attester la vérité de la conjecture.

---

1. *Idées*, trad. fr. Ricœur, p. 235.

Opposée à la science descriptive, la science de même type que la géométrie procède par substruction et idéalisation (*substruierend-idealisierend*) (§ 75). La nature dont traite la science substructrice-idéalisante est une « multiplicité », et même c'est une multiplicité « définie », c'est-à-dire que tout énoncé est d'avance inscrit parmi les vérités ou les faussetés du système, ce qui implique la clôture des déterminations possibles : « la nature physique [...] si on se fait une idée correcte et conforme à la rigueur des concepts de l'idéal ultime qui conduit le physicien, devrait être considérée comme un multiplicité définie de type concret »[1].

Que signifient ces thèses à l'intérieur de l'argumentation des *Idées directrices*? Le point essentiel est la définition de la méthode adéquate à une description phénoménologique. Les allusions énigmatiques à une nature comme « multiplicité définie » ne prendront leur sens que dans la *Krisis*.

Les deux mondes de la Logique de 1929

Le thème du monde de la vie et la critique de la science galiléenne sont annoncés de manière plus précise à la fin de *Logique formelle et logique transcendantale*. Cette *Logique*, pour utiliser un titre abrégé, est le grand livre qui précède tout juste la *Krisis*, un livre pour une fois vraiment homogène, rédigé d'un seul jet et publié par Husserl lui-même, en 1929. De la *Logique* à la *Krisis* l'enchaînement est clair et manifeste, nouveau témoignage de continuité dans l'œuvre de Husserl. C'est bien la conclusion de la *Logique* que la *Krisis* développe, commençant à effectuer le programme qui y est défini, mais

---

1. *Ibid.*, p. 234 (ce qui est peut-être une absurdité : comme peut-on avoir à la fois la « définitude » et la concrétion ? à la fois le caractère clos et totalement déterminé et la richesse inépuisable du concret ?).

avec un déplacement d'accent, une tonalité nouvelle que nous indiquerons.

Voici l'argument de cette conclusion de la *Logique*. Après avoir décrit dans son ouvrage le chemin qui conduit de la logique traditionnelle à la « logique transcendantale », Husserl se fixe le programme d'une « ontologie mondaine ». Qu'est-ce qu'un monde ? Pas forcément ce monde-ci, qui est notre monde factuel, mais un monde en général. On cherche l'essence même de monde. C'est pour ainsi dire une *Weltlogik* [1].

Il y a deux niveaux à cette logique du monde, ou deux sortes de « logos de monde » :

À un premier niveau, le plus fondamental (*Grundstufe*), il y a le monde de l'expérience pure, qui précède toute « science » (« science en un sens "plus élevé" » = les sciences de la culture moderne, voir plus loin). Le logos de ce premier monde est si l'on veut une « esthétique transcendantale », comparable à celle de Kant, puisqu'il s'agit de l'expérience sensible, antérieure à toute mise en forme catégoriale, mais en un sens plus large que chez Kant, puisqu'il y serait question de diverses sortes de synthèse, et pas seulement la spatio-temporalité. Cette science décrirait les conditions sous lesquelles des objets peuvent apparaître de manière unitaire, et sous lesquelles pourrait se constituer l'unité d'une nature ou d'un monde (*Einheit einer Natur, einer Welt*) dans une synthèse encore passive, avant les actions catégoriales [2].

---

1. H XVII, p. 296.
2. « Also die eidetische Deskription des universalen Apriori, ohne welches in blosser Erfahrung und vor den kategorialen Aktionen [...] einheitlich Objekte nicht erscheinen und so überhaupt Einheit einer Natur, einer Welt sich als passive synthetische Einheit nicht konstituieren konnte » (H XVII 297).

Le terme de *Lebenswelt* n'est pas utilisé dans ces lignes de 1929, ici Husserl emploie *Welt reiner Erfahrung, ästhetische Welt*. Mais il s'agit bien de la même chose, et Husserl lui-même l'atteste, puisqu'il a porté en marge de son exemplaire de la *Logique*, en face des lignes que nous venons de para-phraser, par deux fois (voir p. 296, lignes 1 et 13) la mention « *Lebenswelt* », « monde de la vie » [1].

À un deuxième niveau, reposant sur le précédent, viendrait le logos du monde objectif tel que la « science au sens plus élevé » s'y réfère. Cette science « plus haute » (Husserl met toujours ici des guillemets : cette science est plus haute pour la culture contemporaine, mais la question reste ouverte) mène ses recherches avec l'exigence de découvrir un être « rigoureux » et d'affirmer à son sujet des vérités rigoureuses [2]. Elle construit des théories exactes.

---

1. Comment situer ici *Expérience et jugement* ? En lisant *Expérience et jugement*, on y reconnaîtra la mise en œuvre de ces passages de la *Logique*, on y verra en chantier certains aspects de ce programme d'une logique du monde sensible, en amont des synthèses catégoriales. En un sens on pourrait dire que la *Logique* ouvre, par sa conclusion, sur *Expérience et jugement*. Il est vrai qu'en principe la *Logique* devait être une préface à *Expérience et jugement*, du moins dans l'état où était le manuscrit préparatoire d'*Expérience et jugement* en 1928. Pourtant nous nous abstenons d'utiliser ici *Expérience et jugement*, parce que le texte est trop composite, et que les morceaux qui traitent tout à fait expli-citement du « monde de la vie » (§ 6-10 et 38) sont précisément empruntés par l'éditeur à des manuscrits de l'époque de la *Krisis*. *Expérience et jugement* est un collage de textes de plusieurs époques : Landgrebe, quand il a commencé l'assemblage de ce livre en 1928, a pris l'essentiel dans un cours sur la « logique génétique » donné notamment en 1920-1921, puis après une longue inter-ruption il a enrichi son assemblage, après 1935, avec des textes beaucoup plus tardifs. Si l'on veut suivre finement l'évolution de Husserl, cet ouvrage est donc assez trompeur, bien qu'il soit extrêmement riche et d'une grande qualité pédagogique.

2. Husserl met des guillemets pour le *streng* de *Sein* mais non pour celui de *Wahrheit* : une partie de la confusion galiléenne vient peut-être de l'attribution à l'être d'un prédicat qui ne conviendrait qu'à la vérité (Husserl pourrait s'inspirer ici de la discussion de Lotze sur la *Geltung* et le platonisme).

Ici le philosophe est confronté aux faits historiques (*In der Tat, historisch*) ; il existe depuis une certaine date des sciences qui prétendent procéder avec cette rigueur : d'abord la géométrie exacte, puis plus tard la science exacte de la nature (la science galiléenne). Cette science d'un nouveau style, historiquement datée, n'est plus une science descriptive (comme la précédente Weltlogik ci-dessus) ; si c'était une science descriptive, elle regrouperait les données d'expérience sous des types et elle les saisirait par des concepts ; au lieu de cela elle se donne des objets idéaux qu'elle traite à la manière de la logique (elle est *idealisierend-logifizierend*).

Historiquement la géométrie, dans l'inflexion que lui a donnée le platonisme, est la première de ces sciences exactes. Elle ne parle plus des droites et des cercles tels qu'ils se donnent dans l'expérience. Si elle était descriptive comme la première Weltlogik, elle décrirait l'*a priori* des droites et des cercles pris dans leur manière d'apparaître, dans leur phénoménalité effective ou virtuelle. Au contraire elle manipule des droites idéales, comme jamais l'expérience ne peut en donner, et elle les situe dans un espace tout aussi idéal.

On peut donc dire que cette physique « exacte » a affaire à la nature comme à une idée, et qu'elle place cette idée par dessous (*unterlegt*, p. 297, ligne 34) la nature de l'expérience, celle de la vie actuelle. L'étudiant d'aujourd'hui n'y voit aucune difficulté (*das versteht jeder Student*), il a appris à se satisfaire de cette manière de connaître et de maîtriser la nature[1]. Mais si la science veut se comprendre elle-même, si l'on cherche une critique transcendantale, alors naissent de difficiles problèmes. Ils ne peuvent progresser que grâce à l'exposition du sens de l'entité « monde exact » et grâce au

---

1. *Naturerkenntnis und Naturbeherrschung*, p. 298.

dévoilement des actes constituants qu'il suppose. C'est seulement ainsi qu'on pourra décider de la portée des concepts et des théories de ces sciences.

Voilà où en est Husserl en 1929, face à deux « mondes » ou deux « natures », chacun régi par une science d'une certaine sorte. Le monde de l'expérience pure devrait être décrit par une science qui n'existe pas encore, une nouvelle esthétique phénoménologique; l'autre monde, la nature exacte et idéale, est l'objet d'une science, la science galiléenne, qui prospère et se transmet sans trop de questions, alors que ses fondements sont problématiques.

Dans cette présentation le deuxième niveau vient en second lieu: après le logos I du sensible ou de l'expérience, vient le logos II de la nature exacte, le premier sert de fondement au second, et on peut supposer que leur exposition théorique devrait se faire dans cet ordre. Mais dans la *Krisis* l'étagement se complique, il faut commencer par le logos II, étudier d'abord le logos de la nature exacte, le défaire ou le déconstruire pour donner accès au premier niveau. La nouvelle « esthétique » fondamentale est impossible si on ne critique pas radicalement le mode d'accès à la nature de la science galiléenne. Un déblayage est nécessaire avant le travail de description de l'expérience pure.

Husserl semble avoir pris conscience des dangers ou des obstacles que présente le dispositif galiléen (la lutte contre les préjugés a pris un tour plus dramatique). Dans la *Logique* l'idée d'une nature exacte fait l'objet d'une opération de « mise par en dessous » (*unterlegt*: la science galiléenne « place par dessous » la nature de l'expérience une nature idéale), alors que dans la *Krisis* il s'agit d'un tour de prestidigitation ou de passe-passe, une substitution presque frauduleuse d'un monde à un autre (*Unterschiebung*). Remplacer *unterlegen* par *unter-schieben*, c'est entamer le procès de la science galiléenne – ou de la métaphysique qui y est liée. Un passage isolé de la *Logique* de 1929 avait déjà valeur d'avertissement :

> On doit finalement cesser de laisser aveugler par les idées idéales et régulatrices et par les méthodes des sciences « exactes », et en particulier dans la philosophie et dans la logique, comme si l'en soi de ces sciences était une norme effectivement absolue, autant en ce qui touche l'être de l'objet que la vérité [1].

On risque par là de méconnaître les « aspects infinis (*Unendlichkeiten*) de la vie et de sa connaissance, les aspects infinis de l'être relatif, qui n'est rationnel que dans cette relativité » (*ibid.*).

Pourquoi la *Logique* se clôt-elle sur cette double « ontologie mondaine » ? La question est celle de la vérité des jugements. La vérification d'un jugement, et même déjà son explicitation complète (la possibilité d'amener un jugement à l'évidence de la distinction), exige que l'on sorte de la logique formelle [2]. Un jugement est une construction syntaxique faite sur des noyaux, et ces noyaux, en dernière analyse, ne doivent plus contenir de syntaxe, ils doivent référer à des substrats derniers. « Pour la mathesis universalis en tant que mathématique formelle, ces éléments derniers n'ont pas d'intérêt particulier. Il en est tout autrement pour la logique de la vérité ; car les objets-substrats derniers sont des individus » [3], et pour comprendre une proposition avec évidence, « on doit se

---

1. *Logique*, § 105, H XVII, p. 284.
2. *Logique*, § 82-89.
3. § 82, H XVII, 211.

rendre intuitifs les noyaux derniers » qu'elle contient, on doit
atteindre une évidence concernant les « choses » [1] qui y correspondent. Pour qu'un jugement ait un sens, il faut qu'on puisse
en principe « effectuer de manière unitaire son contenu » [2], que
ses matériaux « aient affaire les uns avec les autres » [3], et que
soit possible d'avance une expérience qui les met en relation.
La logique de la vérité, niveau ultime de la logique, implique
une « critique de l'expérience » et elle montre qu'il doit exister
un terrain unifié de vérification, une réalité ou un « monde » au
sein duquel « valent » les jugements, chacun selon la région
d'être dont il parle. « Tout jugement concevable a par conséquent une relation à un univers réel, à un monde ou à une
région du monde pour laquelle il vaut » [4]. La notion de monde
est ici le corrélat ultime, omni-englobant, des vérifications
possibles : « Avant tout juger existe une base universelle de
l'expérience ; elle est constamment présupposée comme unité
concordante d'expérience possible » [5].

Le monde, dans ce texte, est avant tout le lien ou le
domaine de toutes les validations possibles, le terrain sur
lequel doivent, finalement, se vérifier les assertions de tout
discours. La conception exposée dans la *Krisis*, d'un monde
unique comme « sol », est dans le prolongement direct de ces
analyses.

---

1. *Sachen, ibid.*
2. § 89a, 225.
3. § 89b.
4. § 83, 212 : « daß jedes erdenkliche Urteil letzlich [...] individuelle (in
einem weitesten Sinne reale) Gegenstandbeziehung hat und [...] daß es somit
Beziehung hat auf ein reales Universum, auf eine "Welt" oder ein Weltgebiet,
"für das es gilt" ».
5. § 89b, trad. fr. p. 294.

BESINNUNG ET VIE

Un mot revient très souvent dans la *Krisis*, si souvent peut-être qu'il perd de sa force : transcendantal. Dans le § 26, Husserl s'en explique : le transcendantal au sens large, doit être compris comme le motif même de la philosophie depuis Descartes. Il désigne le retour vers la source ultime de toute connaissance, la réflexion-prise de conscience du sujet connaissant, revenant sur lui-même et sur sa vie connaissante (*Rückfragen nach der letzten Quelle aller Erkenntnisbildungen, Sichbesinnen des Erkennenden auf sich selbst und sein erkennendes Leben*)[1].

Husserl reconnaît avoir emprunté le terme à Kant[2]. Chez Kant, transcendantal désigne ce qui touche les conditions de possibilité de l'expérience. Husserl n'est fidèle à Kant sur ce point qu'avec des nuances. Chez lui en effet le terme est, d'abord et en principe, lié à la notion de transcendance. Le moi est « transcendantal », parce qu'en lui advient une transcendance ; ou encore parce que le moi et le monde entrent en relation sans que l'un soit une partie de l'autre ; le moi n'est pas une partie du monde, ni le monde ou un objet du monde une partie du moi :

> Ce concept de transcendantal et son corrélat, celui de transcendant, doivent être puisés exclusivement dans notre situation à nous qui méditons en philosophe. Il faut alors remarquer : tout comme le moi réduit n'est pas un morceau du monde, de même inversement le monde et tout objet du monde n'est pas un morceau de mon moi, on ne les rencontre pas dans la vie de ma conscience sous forme d'une partie réelle, une

---

1. H, p. 108.
2. « Meine Uebernahme des Kant'schen Wortes "transzendental" », *Erste Philosophie*, H VII, p. 230.

partie qu'on pourrait trouver réellement dans cette vie de conscience sous forme d'un complexe de données de sensations ou d'un complexe d'actes. Cette transcendance appartient au sens propre de tout ce qui est mondain, bien que tout être mondain n'acquière et ne puisse acquérir le sens qui le détermine globalement, et une validité d'être, qu'à partir de mon expérience, à partir chaque fois de mes actes de représenter, penser, évaluer, agir [...]. Si cette transcendance, qui est une inclusion non réelle, fait partie du sens propre du monde, alors le moi lui-même, qui porte en lui-même le monde comme sens valide, et que le monde de son côté présuppose nécessairement, s'appelle transcendantal au sens phénoménologique du terme; et les problèmes philosophiques qui résultent de cette corrélation entre le moi et le monde s'appellent transcendantaux [1].

Carr remarque que finalement transcendantal vient à recouvrir les mêmes usages que chez Kant, puisque le transcendantal au sens de la transcendance du monde par rapport au moi, fait naître des problèmes qui sont ceux de la possibilité de l'expérience, donc du transcendantal au sens kantien [2].

Cependant les différences avec Kant sont essentielles. Chez Husserl, il y a une intuition transcendantale, la réflexion permet de donner accès au transcendantal. Chez Kant ce n'est possible qu'indirectement, on accède au transcendantal de biais (via une déduction, des arguments indirects : une expérience serait-elle possible si ... ?). Pour Husserl au contraire on peut se réapproprier les actes de la conscience. Progressivement le transcendantal acquiert en effet une signification plus riche, au point de devenir objet d'expérience.

1. *Cartesianische Meditationen*, § 11 (voir les trad. fr. Peiffer-Lévinas p. 22-23 et de Launay p. 69-70).
2. D. Carr, *Phenomenology and the problem of history, A study of Husserl's transcendental philosophy*, Evanston, 1974, p. 5-6.

C'est ce que propose la *Besinnung*. Le mot *Sinn* est ici à prendre avec la nuance qu'il a lorsqu'on parle de « se rendre compte », « réfléchir à ce qu'on fait », et il inclut l'équivalent du français « sens » au sens de perdre le sens, perdre connaissance. *Selsbstbesinnung* est donc presque un pléonasme. « Prendre conscience », c'est se réapproprier les actes accomplis anonymement. Le mot apparaît assez tardivement chez Husserl[1]. Le texte le plus marquant et pour ainsi dire canonique sur cette notion de *Besinnung* se trouve au début de la *Logique* de 1929, et résume un programme fondamental de philosophie : prendre conscience des actes constituants. Dans la logique par exemple, cela se réalise lorsque que le compter et le juger se reconnaissent comme apparentés, à un certain niveau de profondeur. Le but de la philosophie phénoménologique est que l'intentionnalité se reconnaisse et s'accomplisse non plus anonymement, mais avec retour sur elle-même.

La science phénoménologique du monde de la vie, que décrit programmatiquement la *Krisis*, est la prise de conscience des connexions, des « *a priori* de corrélations » dans lesquels se constitue un monde, et qui sont l'œuvre du sujet ; du moins si l'on étend ce terme de « sujet », jusqu'à y inclure toutes sortes d'actes qui ne sont plus vraiment des actes, les « synthèses passives ». La création pour ainsi dire spontanée et anonyme, par laquelle je relie mes instants de conscience entre eux, la continuité que j'instaure sans le savoir entre les esquisses des objets que je perçois, toutes ces « corrélations » qui font la trame indéchirable de mon expérience, tout cela forme finalement une « vie »[2].

---

1. Voir *Erste Philosophie*, H VII, p. 9, à propos de Socrate : *Selbstbesinnung und Rechenschaftabgabe*.
2. Voir A. Montavont, *De la passivité dans la phénoménologie de Husserl*, Paris, PUF, 1999.

La science galiléenne a elle aussi sa manière d'unifier l'expérience, du dehors et méthodiquement, sans entrer dans cette vie transcendantale. Le monde objectif qu'elle présuppose, elle le construit comme un en soi métaphysique. Pourquoi y a-t-il tromperie avec la « substruction » qu'effectue la métaphysique galiléenne ? Pourquoi ne pourrait-on atteindre l'objectivité par cette voie courte ? C'est qu'il faut parvenir à voir la différence entre l'objectif et l'en soi, c'est-à-dire entre le chemin jamais achevé des rectifications, des partages d'expérience, des saisies plus ou moins parfaites, et la position ou supposition d'un être parfaitement déterminé, prêt à être encerclé par nos calculs et prédictions.

Dans la *Krisis* (§ 28), dans le paragraphe qui traite du monde vécu ou monde de la vie, le processus de montée à l'objectif est décrit pour le cas de la perception d'objet (le texte n'est pas d'une clarté totale). Il y a une objectivité de la vie quotidienne. Nous avons l'habitude de corriger les apparences, nous rectifions nos images des objets, nous progressons peu à peu, et avec l'aide d'autrui, vers une saisie plus objective. Nous ne confondons pas les bizarreries de notre manière de voir avec les traits de l'objet qui apparaît. Avec ces objets, avec ces corrections, ces habitudes, nous composons un *Umwelt*, un monde environnant. Ce monde qui nous entoure n'a comme contenu, comme « sens d'être » que ce que lui donne nos expériences, nos idées, nos habitudes, avec les corrections que nous ne cessons pas d'effectuer :

> Tout cela subit bien sûr toutes sortes d'altérations (*vielfältigem Wandel*), mais dans le même temps « le » monde se maintient comme un être unitaire, c'est seulement sa teneur qui est corrigée. C'est clair, il se fait avec évidence une distinction entre l'altération de contenu de l'objet perçu, par exemple un changement ou un mouvement que nous percevons comme

appartenant à l'objet (*an ihm selbst*), et l'altération des manières d'apparaître (par exemple des perspectives, des apparences de près ou de loin), à travers lesquelles le quelque chose d'objectif se rend présent[1].

Je suis capable de distinguer si c'est l'objet qui change ou si c'est ma manière de le regarder qui a changé. Mais il n'y pas d'avance un en soi de l'objet, un contenu objectif accessible autrement que par mes saisies intuitives et mes corrections. Paradoxalement Rudolf Boehm voit dans cette phrase, qui décrit la différence évidente entre le changement de l'objet et le changement dans ma manière de voir l'objet, la première thèse de Husserl concernant le monde de la vie :

> Notre monde vécu – qui voudrait le contester ? – est un monde « subjectif-relatif ». C'est qu'il est le monde phénoménal, c'est-à-dire un monde entièrement constitué par l'impression qu'il nous fait, à chacun de nous ou à nous tous, et où ce qui « est » (« en soi » ou « objectivement ») n'est présent

---

1. H, p. 107 (la trad. fr. Granel, p. 119 est peu compréhensible, parce qu'il a rendu le même mot *Wandel* à trois lignes d'intervalle, par deux mots différents). Texte allemand : « Das freilich ist in vielfältigem Wandel, während sich dabei doch "die" Welt als einheitlich seiende, nur sich in Gehalt korrigierende durchhält. Offenbar scheidet sich in Evidenz der inhaltliche Wandel des wahrgenommenes Objektes, als die an ihm selbst wahrgenommene Veränderung oder Bewegung, von dem Wandel der Erscheinungsweisen (z. B. der Perspektiven, der Nah- und Fernerscheinungen), in dem dergleichen Objektives sich als selbstgegenwärtig darstellt ». Trad. Carr : « To be sure, all this undergoes manifold alterations, whereas "the" world, as existing in a unified way, persists throughout, being corrected only in content. Clearly the content-alteration of the perceived object, being change or motion perceived as belonging to the object itself, is distinguished with self-evidence from the alteration of its manners of appearing (e.g., the perspectives, the near and far appearances) through which something objective of this type exhibits itself as being itself present ».

qu'implicitement, enveloppé par ce qui nous apparaît ou nous fait impression selon notre propre disposition [1].

Voilà ce qui devrait faire l'objet, le thème paradoxal de la nouvelle science annoncée, une science qui contrairement aux sciences exactes, n'idéalise pas, ne déduit pas. Dans cette science du monde de la vie, toute proposition serait validée par une vue directe, et on y respecterait le vague, le fluent, puisque le monde de la vie est un monde de mouvement et de rectifications permanentes. Cette science enfin ne pourrait se dégrader en technique, elle serait plus une science artificieuse, *Wissenschaft ist nicht Kunst.*

Comment comprendre cela ? Le lecteur de la *Krisis* est mis devant de redoutables apories, des contrastes étonnants, des tensions qui risquent à tout instant de faire exploser le dispositif :

– le plus extrême idéalisme, et le respect devant la contingence et le chaos de la réalité ;

– le reprise de tout sens par une conscience constituante, et l'ouverture à une communauté d'expérience illimitée (le sujet qui se réapproprie le sens, serait-ce l'humanité en devenir ?) ;

– la réappropriation de toute donation de sens par l'ego qui a donné ce sens, et l'entrée toujours plus obscure et anonyme dans les registres de la passivité, affection, chair, temporalité.

1. R. Boehm, « Le sensible et l'insensible », dans *Phénoménologie et politique, Mélanges offerts à J. Taminiaux*, Bruxelles, Ousia, 1989, p. 138.

LA TERRE ET LES SAISONS

Husserl peine à tenir ensemble les morceaux d'une immense entreprise. Son tableau historique des sciences, si fermement dessiné, est trop court, et trop coloré par le néokantisme. Ses analyses de la vie du Moi, de la connaissance, des affects, du flux, de la présence d'autrui, sont admirables mais fragmentaires et sibyllines.

Ce livre posthume, qui n'est pas vraiment un livre, n'est probablement pas la meilleure introduction à la phénoménologie. Pour aller au-delà des exposés trop programmatiques de la *Krisis*, c'est dans d'autres textes de Husserl qu'il faudrait puiser. La question décisive des relations entre le réel sensible et l'idéalisation vaut d'être poursuivie. Comment s'effectue la « logification » de l'expérience vécue? Il faut lire *Expérience et Jugement*, critiquer, reprendre, prolonger.

Comment analyser en ses fondements la saisie mathématisante de la nature? À quelles conditions se fait-elle,
historiquement, socialement, – météorologiquement même?
Les sciences sont la pointe raffinée d'une domination et d'une
compréhension millénaire, où les hommes ont appris à se
débrouiller, à deviner, à expliquer.

Notre vie quotidienne, nos certitudes sont ancrées ou
posées sur un « sol », une terre qui par principe ne se meut pas,
puisque c'est à partir d'elle que tout se meut. Mais il n'y a pas
seulement un sol, il y a aussi un « ciel », avec des saisons, des
rythmes, des régularités qui nous sont offertes, à moitié
exactes, invitations à des jeux pour deviner et reproduire dans
l'abstrait.

Il a fallu que les hommes regardent longtemps, qu'ils
divinisent le ciel. Il a fallu tracer virtuellement des zones dans
le ciel nocturne, savoir que l'Ourse ne se trempe jamais dans
l'Océan, qu'éternellement Orion et le Taureau, le Sagittaire et
le Scorpion, se défient, se visent et se poursuivent, que les
Errantes – les planètes, vagabondes du ciel – se tiennent entre
les bornes de la grande Ceinture d'animaux. Il a fallu
longuement guetter, admirer, vénérer, apprendre à prévoir,
amadouer les dieux.

La Terre bienveillante se renouvelle et les hommes,
baignant dans ses climats, ont travaillé à ajuster leurs calendriers, à régler exactement le rythme de la lumière et des
fécondités. Si l'on en croit Eschyle, Prométhée a enseigné
aux hommes à forger et à construire, mais c'est lui aussi qui
leur a offert la connaissance des saisons, les levers et couchers
des astres. Les rythmes naturels du jour, du mois lunaire et de
l'année imposent un cadre, mais qui ne tombe pas parfaitement d'aplomb : les mois n'ont pas tous vingt-neuf jours, et
les années n'ont pas exactement douze mois. Des semaines,

des heures, cela s'invente à volonté, mais le jour, le mois, l'année, il faut les prendre comme le ciel nous les donne, et les ajuster ensemble. Chaque peuple doit choisir son calendrier, lunaire glissant, qui se décale, ou bien des mois intercalaires à la discrétion du prince et de ses experts. Le pouvoir a la charge de décider quand chacun devra planter, récolter, payer l'impôt, jeûner ou fêter. Le rythme des saisons reçoit une signification, il figure dans la vie collective le drame de la mort et de la renaissance.

Les grandes opérations de la physique mathématique, observation longue et systématique, calcul, prédiction falsifiable, sont déjà mises en œuvre dans le travail du calendrier. Si les mois officiels sont trop en désaccord avec les saisons réelles, les paysans se rebellent et sont bien obligés de revenir à leurs recettes traditionnelles. Plusieurs calendriers (agraire et sidéral, sectaire, officiel) coexistent en une même société, mais au sommet de l'empire le pharaon ou l'empereur fils du ciel sont garants de la paix cosmique qui suppose l'équilibre et l'alternance harmonieuse. Égypte, Chine, Mésopotamie, Occident gréco-latin puis musulman et chrétien, ont connu des accidents de calendriers, des disputes et des réformes. Il nous en reste des documents savants ou populaires, de superstition ou de mathématiques, emprunts des couleurs de chaque civilisation : l'invention du Zodiaque et les calculs de retours de planètes en Mésopotamie, la floraison extraordinaire d'associations et de corrélations symboliques dans les calendriers chinois.

Un sol et un ciel : il va falloir recommencer cet apprentissage. Nous allons au-devant de nouvelles saisons. Husserl ne croyait pas qu'on puisse jamais fouler les montagnes de la Lune, il moquait Galilée qui les ramenait dans l'orbe de notre expérience prochaine. Pourtant le même Husserl admet que nous puissions un jour changer de sol, ou plutôt démultiplier notre sol, comme les oiseaux qui s'appuient sur plusieurs niveaux. Il a mis par écrit sa rêverie cosmique dans un manuscrit étrange et célèbre, « La terre ne se meut pas »[1] : l'arche qui nous porte, c'est la terre, mais elle n'est pas pour nous en mouvement, elle est notre sol. Pourtant on peut changer de sol, s'apprivoiser à un sol nouveau (ce que font par exemple les oiseaux, les avions, le cosmonaute) ; il pourrait y avoir un sol fait de deux sols alternés.

Poursuivons un peu plus loin la rêverie de Husserl. La Terre est notre arche, mais les hommes s'apprêtent à en sortir. L'humanité va essaimer, si elle ne se détruit pas. Nos arrière-neveux iront camper sur Mars ou coloniser l'un des satellites de Jupiter. Ils devront s'habituer à tant de situations nouvelles, une météo étrange, des journées d'une autre longueur, des paysages inouïs. Des orages de poussière métallique les attendent, et des couchers de soleil étonnants ; y aura-t-il des forêts, ou quelque chose qui y ressemble ?

Probablement ce sera très rude, plus encore que pour les conquistadores, les pionniers du Far West ou les émigrants du XXe siècle. Les premiers arriveront en très mauvais état après leur si long voyage, d'autres les remplaceront, mieux armés ; puis ils s'y feront et ils apprendront, peu à peu, à aimer leur nouvelle Terre, comme nous-mêmes, sur la Terre que nous avons parcourue et cultivée, nous avons appris, après tant de générations, à aimer les ciels de Flandre, les lumières des villes la nuit vues d'avion ou les pins qui s'inclinent sur la mer.

---

1. D 17 (1934), « Renversement de la doctrine copernicienne. L'arche originaire Terre ne se meut pas » dans M. Farber (éd.), *Philosophical Essays in Memory of E. Husserl*, Cambridge, Cambridge University Press, 1940. Une traduction française a été éditée aux Éditions de Minuit en 1989.

BIBLIOGRAPHIE

Œuvres de Husserl

Les œuvres de Husserl sont citées d'aprés les *Husserliana*, en abrégé H I, H II, etc. (nous avons retraduit tous les textes cités).

H I, *Cartesianische Meditationen*, Den Haag, Nijhoff, 1950 (trad. fr. G. Peiffer-E. Lévinas, *Méditations Cartésiennes*, Paris, Vrin 2001 ; trad. fr. M. de Launay, Paris, PUF, 1994).

H II, *Die Idee der Phänomenologie, Funf Vorlesungen 1907*, Den Haag, Nijhoff, 1947.

H III, *Ideen zur Phänomenologie I*, Den Haag, Nijhoff, 1950 (trad. fr. P. Ricœur, *Idées directrices*, Paris, Gallimard, 1950).

H IV, *Ideen zur Phänomenologie II*, Den Haag, Nijhoff, 1952 (trad. fr. E. Escoubas, *Recherches phénoménologiques pour la constitution*, Paris, PUF, 1982).

H V, *Ideen zur Phänomenologie III*, Den Haag, Nijhoff, 1952.

H VI, *Die Krisis der europäischen Wissenschaften*, Den Haag, Nijhoff, 1954 (trad. fr. G. Granel, *La crise des sciences européennes*, Paris, Gallimard, 1976 ; trad. anglaise D. Carr, *The Crisis of European Sciences and the Transcendental Phenomenology*, Northwestern University Press, 1970).

H VII-VIII, *Erste Philosophie*, Den Haag, Nijhoff, 1956.

H IX, *Phänomenologische Psychologie*, Den Haag, Nijhoff, 1962.

H X, *Zur Phänomenologie des inneren Zeitbewugtseins*, Den Haag, Nijhoff, 1966.

H XI, *Analysen zur passiven Synthesis*, Den Haag, Nijhoff, 1966 (trad. fr. B. Bégout-J. Kessler, *De la synthèse passive*, Grenoble, Jérôme Millon, 1998).

H XII, *Philosophie der Arithmetik*, Den Haag, Nijhoff, 1970 (trad. fr. J. English, *Philosophie de l'arithmétique*, Paris, PUF, 1972).

H XIII-XV, *Zur Phänomenologie der Intersubjektivität*, Den Haag, Nijhoff, 1973 (trad. fr. d'extraits N. Depraz, *Sur l'intersubjectivité*, 2 vol., Paris, PUF, 2001).

H XVI, *Ding und Raum*, Den Haag, Nijhoff, 1973 (trad. fr. J. F. Lavigne, *Chose et espace, Leçons de 1907*, Paris, PUF, 1989).

H XVII, *Formale und Transzendantale Logik*, Den Haag, Nijhoff (trad. fr. S. Bachelard, *Logique formelle et logique transcendantale*, Paris, PUF, 1957).

H XVIII-XX, *Logische Untersuchungen*, Den Haag, Nijhoff, 1975-1984 (trad. fr. L. Kelkel-R. Schérer, *Recherches Logiques*, 4 vol., Paris, PUF, 1959-1974).

H XXI, *Studien zur Arithmetik und Geometrie, Texte aus dem Nachlass (1886-1901)*, Den Haag, Nijhoff, 1983.

H XXII, *Aufsätze und Rezensionen 1890-1910*, Den Haag, Nijhoff, 1979.

H XXV, *Aufsätze und Vorträge 1911-1921*, Den Haag, Nijhoff, 1987.

H XXVII, *Aufsätze und Vorträge 1922-1937*, Dordrecht, Kluwer, 1989.

H XXIX, *Die Krisis der europäischen Wissenschaften und die transzendantale Phänomenologie, Ergänzungsband aus dem Nachlass 1934-1937*, Dordrecht, Kluwer, 1993.

H XXX, *Logik und allgemeine Wissenchaftstheorie, Vorlesungen 1917-1918*, Dordrecht, Kluwer, 1996.

H XXXII, *Natur und Geist, Vorlesungen 1927*, Dordrecht, Kluwer, 2000.

Briefwechsel, Husserliana Dokumente III, 10 vol., Dordrecht, Kluwer, 1994

Erfahrung und Urteil, Hamburg, Felix Meiner, 1985 (trad. fr. D. Souche-Dagues, *Expérience et jugement*, Paris, PUF, 1970).

Die Krisis der europäischen Wissenschaften und die transzendentale Phänomenologie, E. Struker (éd.), « Philosophische Bibliothek », Hamburg, Felix Meiner, 1996.

La crise de l'humanité européenne et la philosophie, édition bilingue, trad. fr. P. Ricœur, Paris, Aubier, 1977.

L'origine de la géométrie, trad. fr. et introduction J. Derrida, Paris, PUF, 1974.

Husserl Shorter Works, P. McCormick-F. Elliston (eds.), Notre Dame, Notre Dame University Press, 1981.

Articles sur la logique, trad. fr. J. English, Paris, PUF, 1975 (textes allemands dans H XII et H XXII).

La terre ne se meut pas (manuscrits D 17 et D 18), trad. fr. D. Frank, Paris, Éditions de Minuit, 1989.

Études sur Husserl

Bachelard Suzanne, *La logique de Husserl*, Paris, PUF, 1957.

Benoist Jocelyn, *Autour de Husserl, l'Ego et la raison*, Paris, Vrin, 1994.

Bernet Rudolf, *La vie du sujet, Recherches sur l'interprétation de Husserl dans la phénoménologie*, Paris, PUF, 1994.

Bœhm Rudolf, « Le sensible et l'insensible », dans *Phénoménologie et politique, Mélanges offerts à J. Taminiaux*, Bruxelles, Ousia, 1989.

Brainard Norbert, *Belief and its Neutralization, Husserl's System of Phenomenology in Ideas I*, New York, State University of New York Press, 2002.

Carr David, *Phenomenology and the problem of history*, Evanston, Northwestern University Press, 1974.

DE GANDT, François, «Göttingen 1901: Husserl et Hilbert» dans *Le moment 1900*, F. Worms (éd.), Lille, Presses du Septentrion 2004, p. 117-143.

– «Husserl and impossible numbers, a sceptical experience» in *Mathematics and the Divine, a historical study*, T. Koetsier and L. Bergmans (eds.), Dordrecht, Kluwer, 2004, chap. 32.

DERRIDA Jacques, *La voix et le phénomène*, Paris, PUF, 1967.

FARBER Marvin, *The foundation of phenomenology*, New York, State University of New York Press, 1943.

FÖLLESDAL Dagfinn, «Evidence et justification chez Husserl» dans *Aux origines de la phénoménologie*, D. Fisette et S. Lapointe (éd.), Paris, Vrin, 2003.

GURWITSCH Aron, «Husserlian perspectives on Galilean physics» *in* A. Gurwitsch, *Phenomenology and the theory of science*, Evanston, Northwestern University Press, 1974, p. 33-59.

– «Comment on the paper by Herbert Marcuse "On science and phenomenology"», *Boston Studies in the Philosophy of science*, t. II, R. S. Cohen and M. W. Wartofsky (eds.), New York, Humanities Press, 1965.

– «Galilean Physics in the light of Husserlian Phenomenology» in *Galileo Man of Science*, E. McMullin (ed.), New York, Basic Books, 1967.

– *Studies in Phenomenology and Psychology*, Evanston, Northwestern University Press, 1966.

JANSSEN Paul, «Lebenswelt als Fundament der Wissenschaft» in *Lebenswelt und Wissenschaft in der Philosophie Edmund Husserls*, E. Struker (ed.), Frankfurt, Klostermann, 1979, p. 56-67.

MARTY Éric, «La Terre comme arche» dans *Bref séjour à Jérusalem*, Paris, Gallimard, 2003, p. 195-238.

MONTAVONT Anne, *De la passivité dans la phénoménologie de Husserl*, Paris, PUF, 1999.

PATOČKA Jan, «Souvenirs de Husserl», *Études phénoménologiques*, n°29-30, 1999, p. 93-94.

RICŒUR Paul, «Husserl et le sens de l'histoire», *Revue de Métaphysique et de Morale*, 54, 1949, p. 280-316.

– *À l'École de la phénoménologie*, Paris, Vrin, 1998, 2004[2].

SCHUHMANN Karl, *Husserl-Chronik, Denk- und Lebensweg Edmund Husserls*, Husserliana Dokumente Bd I, Den Haag, Nijhoff, 1977.

SOKOLOWSKI Robert, *Husserlian Meditations*, Evanston, Northwestern University Press, 1974.

STEVENS Richard, *James and Husserl, the Foundations of Meaning*, The Hague, Nijhoff, 1974.

VAN BREDA H.L., « Maurice Merleau-Ponty et les Archives Husserl à Louvain », *Revue de Métaphysique et de Morale*, 67, n°4, octobre-décembre 1962, p. 410-430.

SUR GALILÉE ET L'HISTOIRE DES SCIENCES

ALBERTI Leon Battista, *Divertissements mathématiques*, trad. fr. et commentaire P. Souffrin, Paris, Seuil, 2002.

– *De la peinture*, trad. fr. J.L. Schefer, Paris, Macula, 1992.

ALEMBERT Jean Le Rond d', *Réflexions sur la cause générale des vents*, Paris, David l'Aîné, 1747.

ASSMANN Jan, *Maat, Gerechtigkeit und Unsterblichkeit im alten Aegypten*, Munchen, Beck, 1995.

BERNOULLI Daniel, *Werke, Bd III : Mechanik*, D. Speiser et *al.* (ed.), Basel, Birkheuser, 1987.

BOI Luciano, *Le problème mathématique de l'espace*, Berlin, Springer, 1995.

BRUINS E.M. (éd et trad.), *Codex Constantinopolitanus Palatii Veteris n°1* (Heronis Metrica etc.), 3 vol., Leiden, Brill, 1964.

CARNOT Lazare, *Réflexions sur la métaphysique du calcul infinitésimal*, Paris, 1797, rééd. A. Blanchard, 1970.

CAUCHY Augustin-Louis, *Cours d'analyse de l'École Royale Polytechnique*, Paris, Debure, 1821 (rééd. Darmstadt, Wissenschaftliche Buchgesellschaft, 1968).

CLAGETT Marshall, *The Science of Mechanics in the Middle Ages*, Madison, University of Wisconsin Press, 1961.

– *Nicole Oresme and the Medieval Geometry of Qualities and Motions*, Madison, University of Wisconsin Press 1968.

DAHAN-DALMEDICO Amy, *Mathématisations, Augustin-Louis Cauchy et l'École française*, Paris, Éditions du Choix, 1992.

DEDEKIND Richard, *Stetigkeit und irrationale Zahlen*, Braunschweig, Vieweg, 1969.

DE GANDT François, « Force et science des machines » dans *Science and speculation, Studies in hellenistic theory and practice*, J. Barnes (ed.), Cambridge, Cambridge University Press, 1982, p. 96-127.

– « Les Mécaniques attribuées à Aristote et le renouveau de la science des machines au XVIe siécle », *Les Études Philosophiques*, Paris, PUF, 1986, p. 391-405.

– *Force and Geometry in Newton's Principia*, trad. anglaise C. Wilson, Princeton, Princeton University Press, 1995.

– « Technologie » dans *Le savoir grec, Dictionnaire critique*, J. Brunschwig et G.E.R. Lloyd (éd.), Paris, Flammarion, 1996, p. 515-526.

– « Galileo Furioso, Evidence and Conviction in the *Dialogo* », *Philosophy and Rhetoric*, 32, 1999, p. 197-209.

– « The Limits of Intelligibility : the Status of Physical Science in d'Alembert's Philosophy » in *Between Leibniz, Newton and Kant*, W. Lefèvre (ed.), Dordrecht, Kluwer, 2001, p. 47-61.

– (éd.), « Cirey dans la vie intellectuelle, La réception de Newton en France », *Studies on Voltaire and the eighteenth Century*, n° 11, 2001.

– « Leibniz's legacy in the physics of the Enlightenment », *Taiwanese Journal for the Studies of Science Technology and Medicine*, march 2001, p. 105-136.

DIJKSTERHUIS E. J., *The Mechanization of the World-picture*, Oxford, Oxford University Press, 1961.

DRACHMANN A. G., *The Mechanical Technology of Greek and Roman Antiquity, a Study of the Literary Sources*, Copenhagen, Munksgaard, 1963.

DRAKE Stillmann et DRABKIN I. E. (ed.), *Mechanics in sixteenth century Italy, selections from Tartaglia, Benedetti, Guido Ubaldo and Galileo*, Madison, University of Wisconsin Press, 1969.

DUHEM Pierre, *Les origines de la statique*, 2 vol., Paris, Hermann, 1905.

DÜRER Albrecht, *Géométrie*, trad. fr. J. Peiffer, Paris, Seuil, 1995.

GALILEI Galileo, *Le Messager Céleste*, trad. fr. I. Pantin, Paris, Les Belles Lettres, 1992.

– *Il Saggiatore*, Opere éd. Naz., t. VI, Firenze, Barbera, 1896.

– *Dialogo dei massimi sistemi*, Opere éd. Naz., t. VII, Firenze, Barbera, 1897.

– *Dialogue sur les deux grands systèmes*, trad. fr. R. Fréreux avec le concours de F. De Gandt, « Points-Sciences », Paris, Seuil, 2000.

– *Discorsi e dimostrazioni matematiche intorno a due nuove scienze*, Opere éd. Naz., t. VIII, Firenze, Barbera, 1898.

– *Carteggio*, Opere éd. Naz., t. X-XVIII, Firenze, Barbera, 1900-1906.

GILLE Bertrand, *Les mécaniciens de l'antiquité*, Paris, Seuil, 1980.

HANKEL Hermann, *Vorlesungen über die complexen Zahlen und ihre Functionen, I. Theil, Theorie der complexen Zahlensysteme insbesondere der gemeinen imaginären Zahlen und der hamilton'schen Quaternionen nebst ihrer geometrischen Darstellung*, Leipzig, Leopold Voss, 1867.

HELMHOLTZ Hermann Von, *Ueber die Erhaltung der Kraft, eine physikalische Abhandlung*, Berlin, Reimer, 1847.

– « Ueber die thatsächlichen Grundlagen der Geometrie », *Verhandlungen der naturhistorisch-medizinischen Vereins zu Heidelberg*, mai 1866, p. 197-202.

HILBERT David, *Grundlagen der Geometrie, in Festschrift zur Feier der Enthüllung des Gauss-Weber Denkmals*, Leipzig, Teubner, 1899, p. 3-92.

– *Ueber das Unendliche*, 1925, in *Hilbertiana*, Darmstadt, Wissenschaftliche Buchgesellschaft, 1964.

JORLAND Gérard, *La science dans la philosophie, les recherches épistémologiques d'Alexandre Koyré*, Paris, Gallimard, 1981.

KALINOVSKI Marc (éd.), *Divination et société dans la Chine médiévale (Calendriers de Dun Huang)*, Paris, Bibliothèque Nationale de France, 2004.

KEPLER Johannes, *Gesammelte Werke*, Munchen, Beck, 1936 *sq.*

KLEIN Jakob, *Greek mathematical thought and the origins of algebra*, Cambridge, MIT University Press, 1968.

KOYRÉ Alexandre, « Bemerkungen zu den zenonischen Paradoxien », *Jahrbuch fur Philosophie und phänomenologische Forschung*, 1922, p. 603-628 (trad. fr. dans *Études d'histoire de la pensée philosophique*, Paris, Gallimard, 1971, p. 9-35).

– *Études galiléennes*, Paris, Hermann, 1966.

– *Études d'histoire de la pensée philosophique*, Paris, Gallimard, 1971.

– *Études d'histoire de la pensée scientifique*, Paris, Gallimard, 1973.

– *Études newtoniennes*, Paris, Gallimard, 1968.

KUGLER Franz Xaver, *Babylonische Mondrechnung mit einem Anhang uber chaldäische Planetentafeln*, Freiburg, Herder, 1900.

LIE Sophus, *Theorie der Transformationsgruppen*, 3 vol., Leipzig, Teubner, 1893.

LINDBERG David C., *John Pecham and the Science of Optics (Perspectiva communis)*, Madison, University of Wisconsin Press, 1970.

NEUGEBAUER Otto, *The exact sciences in Antiquity*, New York, Dover Publications, 1969.

– *A History of Ancient Mathematical Astronomy*, 3 vol., Berlin, Springer, 1975.

NEWTON Isaac, *Arithmetica Universalis*, Leyden, Verbeeke, 1732.

– *Philosophiae naturalis Principia mathematica*, London, W. et J. Innys, 1726.

– *De la gravitation, Du mouvement des corps*, présentation F. De Gandt, Paris, Gallimard, 1995.

RIEMANN B., *Gesammelte Mathematische Werke*, New York, Dover Publications, 1978.

– *Œuvres mathématiques*, trad. fr. Laugel, Paris, Blanchard, 1968.

SHEA William, *La révolution galiléenne*, trad. fr. F. De Gandt, Paris, Seuil, 1992.

TANNERY Paul, *Recherches sur l'histoire de l'astronomie ancienne*, Hildesheim, Olms, 1976.

VAN DALEN D., « Four letters from Edmund Husserl to Hermann Weyl », *Husserl Studies*, 1984, p. 1-12.

VAN DER WAERDEN L. E., *Moderne Algebra,* 2 vol. Berlin, Springer, 1930-1931.

VERNANT Jean-Pierre et *al., Divination et rationalité,* Paris, Seuil, 1974.

VIETA Franciscus, *In Artem Analyticam Isagoge* in *Opera mathematica,* F. van Schooten (ed.), Leyden, Elzevir, 1646.

WAGNER Donald L. (ed.), *The Seven Liberal Arts in the Middle Ages,* Bloomington, Indiana University Press, 1986.

WEYL Hermann, *Mathematische Analyse des Raumproblems,* Berlin, Springer, 1923.

ZAMBELLI Paola, « Alexandre Koyré alla scuola di Husserl a Gottinga », *Giornale critico di storiadella filosofia italiana,* 1998, p. 303-354.

– « Alexandre Koyré im "Mekka der Mathematik", Koyrés Göttinger Dissertationssentwurf », *Naturwissenschaft, Technik, Medizin,* 1999, p. 208-230.

AUTRES OUVRAGES

BECKER Oskar, « Beiträge zur phänomenologischen Begründung der Geometrie und ihrer physikalischen Anwendungen », *Jahrbuch fur Philosophie und phänomenologische Forschung,* VI, 1923, p. 493-507, 536-537 et 547-560 (extraits traduits in *Phenomenology and the natural sciences,* J. Kockelmans and T. Kisiel (eds.), Evanston, Northwestern University Press, 1970, p. 119-143).

– *Mathematische Existenz, Untersuchungen zur Logik und Ontologie mathematischer Phänomene,* La Halle, 1927.

– « Die Philosophie Edmund Husserls, anlässlich seines 70 Geburtstag », *Kantstudien* XXXV, p. 119-150.

– « Nietzsches Beweise fur seine Lehre von der ewigen Wiederkunft », *Blätter fur deutsche Philosophie,*1936, p. 368 *sq.*

– *Gedanken Friedrich Nietzsches uber Rangordnung, Zucht und Zuchtung,* (Kriegsvorträge ; Vortragsreihe Führungsformen der Völker de l'Université de Bonn, Heft 97), Bonn, Gebr. Scheur, 1942, p. 24.

BRECHT Bertolt, *Vie de Galilée*, trad. fr. A. Jacob et E. Pfrimmer dans B. Brecht, *Théâtre complet*, vol. 4, Paris, L'Arche, 1975.

CASSIRER Ernst, *Das Erkenntnisproblem in der Philosophie und Wissenschaft der neueren Zeit*, vol. I, 1 re éd. 1906.

COHEN Hermann, *Kants Theorie der Erfahrung*, 3 e éd. 1918, reprint Hildesheim, Olms.

COURTINE Jean-François (éd.), *Heidegger 1919-1929*, Paris, Vrin, 1996.

ERDMANN Benno, *Die Axiome der Geometrie, eine philosophische Untersuchung der Riemann-Hemholtzschen Raumtheorie*, Leipzig, 1877.

FESTUGIÈRE A. J., « Les trois vies » dans *Études de philosophie grecque*, Paris, Vrin, 1971, p. 117-156.

FICHANT Michel, « Ernst Cassirer et les commencements de la science classique » dans *Ernst Cassirer, de Marbourg à New-York*, J. Seidengart (éd.), Paris, Le Cerf, 1990, p. 117-140.

HEIDEGGER Martin, *Sein und Zeit*, Tubingen, Niemeyer, 1979.

– « Die Frage nach der Technik » in *Vorträge und Aufsätze*, Tubingen, 1990, p. 25 ; trad. fr. A. Préau, *Essais et conférences*, Paris, Gallimard, 1958, p. 29-30.

JAMBLIQUE, *Vie de Pythagore,* trad. fr. L. Brisson et A. Segonds, Paris, Les Belles Lettres, 1996.

JAMES William, *Principles of Psychology*, 2 vol., New York, Dover Publications, 1950 (reproduction de l'édition de 1890).

– *Précis de psychologie (Briefer course)*, trad. fr. E. Baudin et G. Berthier, Paris, Marcel Rivière, 1946.

KANT Emmanuel, *Kritik der reinen Vernunft*, Hamburg, Felix Meiner, 1956.

– *Prolegomena zur einer jeden künftigen Metaphysik*, Werke vol. IV, Leipzig, Insel Verlag, 1921.

– *Prolégomènes à toute métaphysique future* dans *Œuvres*, t. II, « Bibliothèque La Pléiade », Paris, Gallimard, 1985.

LOMBARD Pierre, *Petri Lombardi Sententiarum Libri Quatuor*, Paris, Migne, 1841.

NATORP Paul, « Galilei als Philosoph », *Philosophische Monatshefte*, 1882, p. 193-229.

NIETZSCHE Friedrich, *Der Wille zur Macht*, mit einem Nachwort von Alfred Bäumler, Stuttgart, Alfred Kröner Verlag, 1930.

RICKERT Heinrich, *Der Gegenstand der Erkenntnis*, 3ᵉ éd., Tübingen, Mohr, 1915.

SPENGLER Oswald, *Der Untergang des Abendlandes*, München, Beck, 1917.

WOLTERS Gereon, « Philosophie in Nationalsozialismus : der Fall Oskar Becker » *in* A. Gethmann-Siefert-J. Mittelstrass (eds.), *Die Philosophie und die Wissenschaften. Zum Werk Oskar Beckers*, München, Fink, 2002, p. 27-64.

INDEX DES NOMS

TABLE DES MATIÈRES

CHEMINS VERS LA *KRISIS*

UNE AUTRE SCIENCE ?

Imprimerie de la Manutention à Mayenne – Novembre 2004 – N° 369-04
Dépôt légal : 4ᵉ trimestre 2004

Imprimé en France